WAS IST WAS

NATUR WISSEN SCHAFTEN easy!

ELEMENTAR!

Bausteine der Chemie

Dr. Manfred Baur

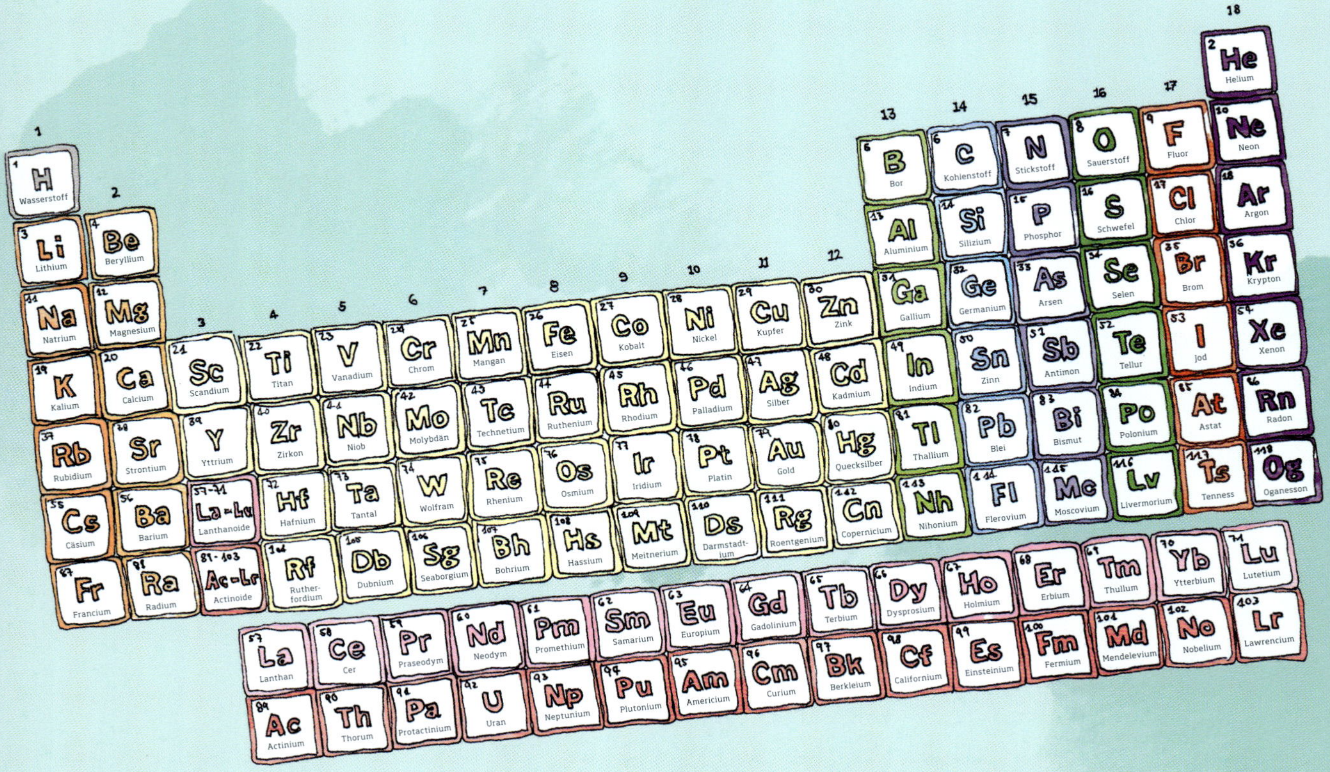

TESSLOFF

Chemie – die Anfänge

Die Ordnung der Elemente

Neuere Atommodelle

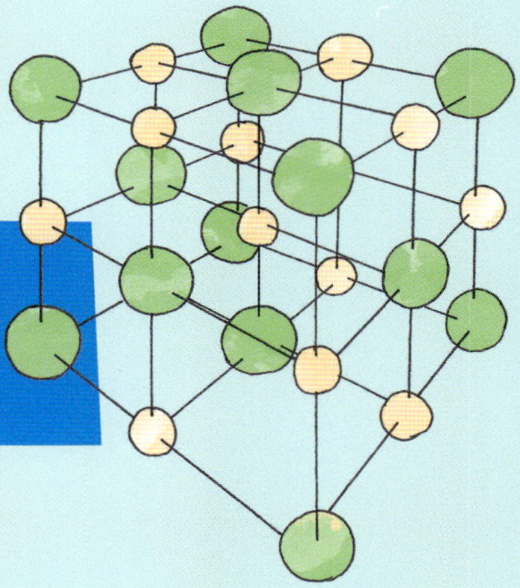

Das PSE – ein nützliches Werkzeug

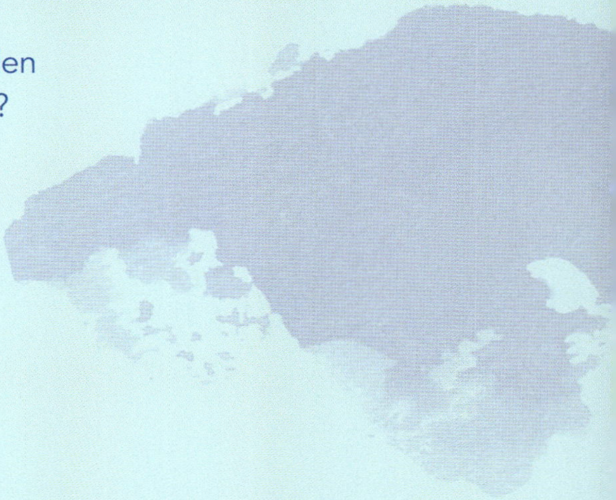

Chemie – die Anfänge

Sehen wir uns um. Wir sitzen auf einem Stuhl, vor uns dieses Buch, daneben Wasser in einem Glas. Viele Dinge sehen wir, andere sind unsichtbar, aber spürbar – etwa die Luft, die wir atmen. Und auch unsere Zimmerpflanze, unser Mittagessen, unser Körper – all das ist Materie. Wenn nun jemand fragt, was Chemie ist, so lautet die kurze Antwort: Chemie ist Veränderung, die Veränderung von Materie.

Was ist Chemie?

In der Chemie geht es um die Stoffe, die uns umgeben und aus denen wir gemacht sind. Vor allem geht es darum, wie diese Stoffe miteinander reagieren. Woraus besteht zum Beispiel Luft? Und was geschieht, wenn eine Kerze brennt?

Was sind Atome?

Dabei spielen kleinste Teilchen eine große Rolle: die Atome. Vielleicht hast du schon einmal davon gehört. Die Idee von den Atomen als winzige unteilbare Teilchen ist schon uralt. Doch es brauchte mehr als zwei Jahrtausende, bis sie sich durchsetzen konnte. In der Zwischenzeit versuchten sogenannte Alchemisten hinter die Geheimnisse der Materie zu kommen. Doch sie waren auf Glück und Zufall bei ihren Experimenten angewiesen. Das Konzept der Atome dagegen hilft, die Eigenschaften der Materie wirklich zu verstehen, und bringt Ordnung in die Welt der Chemie. Mehr dazu erfährst du später – wir beginnen ganz am Anfang.

Edles Element
Gold reagiert selten mit anderen Stoffen. Es lässt sich mit den Mitteln der Chemie auch nicht weiter zerlegen – daher gehört es zu den sogenannten chemischen Elementen.

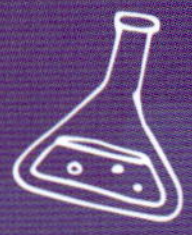

Verräterisches Licht
Ein Bunsenbrenner gehört in (fast) jedes Chemielabor. Die Farbe der Flamme verrät so manches chemische Element. Was eine gelbe Flamme wohl bedeutet?

SO_2

Kurz und einfach

Was soll das denn heißen? In der Chemie schreibt man Stoffe als solche Summenformeln auf – hier Schwefeloxid. Wenn man das Prinzip kennt, ist es ganz einfach!

Sicher ist sicher!

Chemikerinnen und Chemiker bestehen selbst aus chemischen Substanzen und müssen daher achtgeben, nicht in chemische Reaktionen verwickelt zu werden. Deshalb tragen sie meist einen Laborkittel, Gummihandschuhe und eine Schutzbrille.

Magische Chemie

Viele chemische Reaktionen laufen heftig ab, mit Licht, Feuer und Rauch. Kein Wunder also, dass Alchemisten früher wie Magier wirkten. Viele Bühnenzauberer nutzen auch heute noch chemische Reaktionen für ihre Shows.

Atom-Billard

Was haben Billardkugeln mit Chemie zu tun? Nicht viel, doch so ähnlich kann man sich Atome vorstellen. John Dalton entwickelte eine Theorie zu diesen winzigen Teilchen, aus denen alles besteht.

Was ist Chemie?

Chemie ist die Naturwissenschaft, die den Aufbau, die Eigenschaften und die Umwandlung von Stoffen untersucht. Das können einfache Stoffe wie Wasser oder Quarz sein, aber auch komplizierter zusammengesetzte Stoffe wie Medikamente oder Proteine, die im Körper von Lebewesen eine wichtige Rolle spielen. In der Chemie geht es vor allem um das Lösen bestehender und das Ausbilden neuer chemischer Bindungen.

Was tun Chemiker?

Chemikerinnen und Chemiker hantieren mit Stoffen, die fest, flüssig oder gasförmig sind – das sind die drei sogenannten Aggregatzustände, die uns im Alltag begegnen. Und dann gibt es noch einen vierten, das Plasma. Dieser herrscht zum Beispiel in Leuchtstoffröhren oder im Inneren der Sonne.
Chemiker untersuchen natürlich vorkommende Stoffe und analysieren diese. Die Wissenschaftler stellen aber auch neue Stoffe her, indem sie zwei oder mehr Substanzen zusammenführen und miteinander reagieren lassen. So entstehen zum Beispiel Farben, Medikamente oder neuartige Werkstoffe.
Manche Chemiker interessieren sich nur für den Aufbau und die Eigenschaften von Atomen und Molekülen. Das sind winzige Bausteine, aus denen sich Stoffe zusammensetzen. Andere beschäftigen sich mit chemischen Reaktionen in den Zellen von Lebewesen. Wieder andere kümmern sich um radioaktive Substanzen oder um all das, was man aus Erdöl herstellen kann.
Du siehst, es gibt verschiedene Fachgebiete in der Chemie. Doch die Grenzen zwischen diesen Disziplinen sind fließend.

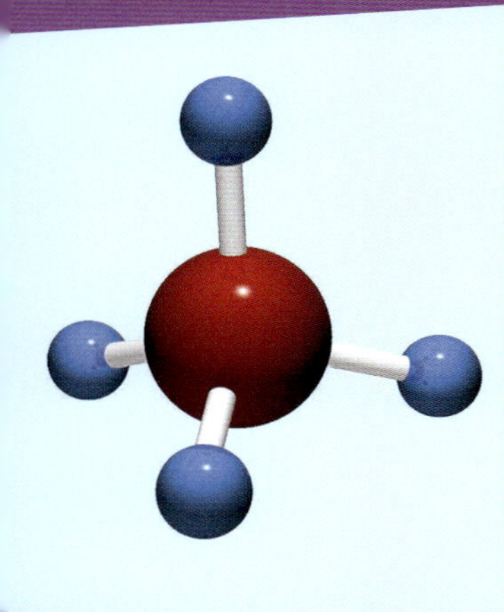

Allgemeine Chemie

Was sind Atome und wie sind Moleküle aufgebaut? Wie reagieren Stoffe miteinander? Welchen Gesetzen gehorchen chemische Reaktionen? Hier geht es um grundlegende Prinzipien der Chemie.

Organische Chemie

Sie befasst sich mit Molekülen, die Kohlenstoffatome enthalten. Diese spielen eine wichtige Rolle in der belebten Natur. Es gibt Millionen solcher organischer Verbindungen.

Analytische Chemie

Dieser Zweig der Chemie analysiert Substanzen. Es geht darum, woraus ein Stoffgemisch besteht und in welchen Mengen diese Substanzen vorliegen.

Biochemie

Sie befasst sich mit den chemischen Prozessen, die sich innerhalb von Lebewesen abspielen. Es geht etwa um die Verdauung der Nahrung und darum, wie der Organismus daraus Bau- und Energiestoffe für seine Zellen gewinnt.

Anorganische Chemie

Sie beschäftigt sich mit chemischen Verbindungen in der unbelebten Natur, etwa Gesteinen oder Mineralien.

Theoretische Chemie

Sie verknüpft Chemie, Physik und Mathematik. Theoretische Chemiker denken sich Materialien mit neuen Eigenschaften aus und nutzen dabei oft Computer, um schwierige Berechnungen durchzuführen.

Atmosphärenchemie

In der gasförmigen Hülle der Erde kann es zu spannenden chemischen Reaktionen kommen. So wandeln sich zweiatomige Sauerstoffmoleküle (O_2) in dreiatomiges Ozon (O_3) um. Ozon wirkt als Filter gegen schädliche UV-Strahlung.

Elektrochemie

Hier werden die Zusammenhänge von chemischen Reaktionen und elektrischen Vorgängen erforscht. Sie spielen zum Beispiel eine Rolle, wenn du elektrische Geräte mit Batterien und Akkus benutzt.

Petrochemie

Hier geht es um Erdöl. Es besteht aus den Überresten von Organismen, die vor Urzeiten gelebt haben. Petrochemiker trennen das Rohöl auf und verändern dessen Bestandteile, sodass sie zu neuen Stoffen wie Benzin oder Kunststoffen verarbeitet werden können.

Umweltchemie

Sie befasst sich mit der Ausbreitung und Wirkung chemischer Stoffe auf die Natur. Diese stammen aus dem Verkehr oder der Industrie. Manchmal sind sie auch natürlichen Ursprungs, zum Beispiel vulkanische Gase.

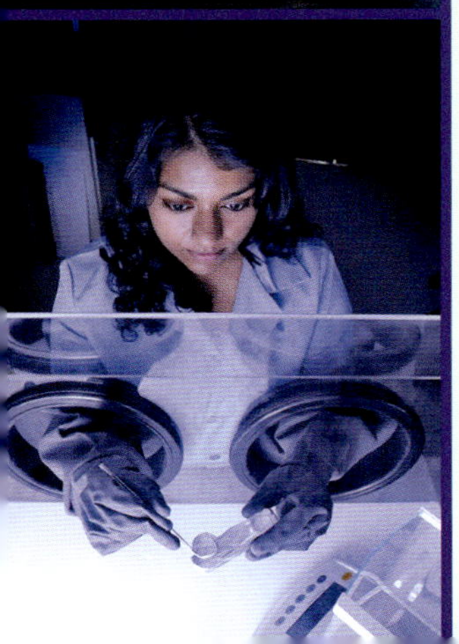

Radiochemie

Radiochemiker befassen sich mit radioaktiven Stoffen. Diese werden in Forschung und Medizin verwendet. Ein wichtiger Teil ist auch die Herstellung von Kernbrennstoffen zur Energieerzeugung in Kernkraftwerken.

Polymerchemie

Polymere sind sehr lange Kettenmoleküle. In der Natur finden wir sie etwa in Naturkautschuk, der sich zu Gummi verarbeiten lässt. Polymere lassen sich aber auch künstlich herstellen, etwa für Kunststoffe.

Stoffgemische und Reinstoffe

Chemikerinnen und Chemiker befassen sich also mit den Eigenschaften und den Veränderungen von Materie. Zur Erinnerung: Materie kann in drei verschiedenen Formen vorliegen – als Feststoff, Flüssigkeit oder Gas. Diese Aggregatzustände können jedoch leicht ineinander überführt werden: Flüssiges Wasser etwa können wir abkühlen und so zu festen Eiswürfeln oder Eiskugeln werden lassen. Ungeachtet der Form haben wir es immer noch mit Wasser zu tun. Als Chemiker interessieren wir uns nicht für die Form, sondern für die stofflichen Eigenschaften. Deshalb sprechen wir von Stoffen – und die Welt ist voller unterschiedlicher Stoffe. Um etwas Ordnung in die Vielfalt der Stoffe zu bringen, unterscheidet man zwischen Reinstoffen und Stoffgemischen. Stoffgemische sind Mischungen aus zwei oder mehreren Reinstoffen. Reinstoffe hingegen bestehen nur aus einer Sorte Stoff.

Materie
Die uns umgebende Materie hat sehr viele Gesichter. Sie kann fest, flüssig oder gasförmig sein und besteht aus Gemischen oder Reinstoffen. Alle diese Stoffe sind aus winzigen Teilchen aufgebaut, den Atomen.

Heterogene Gemische

Einige Gemische erkennen wir bereits mit bloßem Auge als solche. So besteht das gesprenkelte Gestein Granit aus drei unterschiedlichen Mineralien, nämlich Quarz, Glimmer und Feldspat – alle drei sind Festkörper. Festkörper können aber auch in einer Flüssigkeit verteilt sein, etwa Schlamm in Wasser. Ein solches Gemisch nennt man Suspension. Feststoffe in Gasen heißen Aerosole, ein Beispiel ist Rauch. Milch wiederum ist eine Emulsion, das heißt, winzige flüssige Fetttröpfchen schweben in flüssigem Wasser. Flüssigkeitströpfchen wie Wasser können auch in Gasen schweben – du kennst das als Nebel oder Wolken. All das sind uneinheitliche oder heterogene Gemische.

Homogene Gemische

Manchen Gemischen aber sieht man es nicht an, dass sie aus mehreren Stoffen bestehen. Luft zum Beispiel besteht zum Großteil aus den Gasen Stickstoff und Sauerstoff. Weniger als ein Prozent machen Argon, Wasserdampf, Kohlendioxid und andere Gase aus. Ein anderes Beispiel ist Wasser, in dem Kochsalz – in der Chemie spricht man von Natriumchlorid – aufgelöst ist. Kochsalz ist ein weißer Feststoff und Wasser eine durchsichtige Flüssigkeit. Hat sich das Salz aber vollständig aufgelöst, ist es nicht mehr zu erkennen. Wir nennen solche Gemische einheitliche oder homogene Gemische.

Granit
Granit ist ein heterogenes Gemisch und besteht aus den drei festen Reinstoffen Quarz, Glimmer und Feldspat. Diese Stoffe sind chemische Verbindungen und können in Elemente zerlegt werden. So besteht Quarz zum Beispiel aus den Elementen Silizium und Sauerstoff.

Gold
Das seltene Edelmetall findet man meist in elementarer Form, also nicht in Verbindung mit anderen Elementen. Um aber überhaupt auf Gold zu stoßen, braucht man jede Menge Glück.

Vom Gemisch zum Reinstoff

Durch bestimmte Methoden lassen sich Gemische in ihre Reinstoffe auftrennen. Nehmen wir das Salzwasser von eben: Durch Erhitzen kann man das Wasser verdampfen und durch Abkühlen wieder kondensieren, also verflüssigen. Dieses physikalische Trennverfahren, das aus Verdampfen und Kondensieren besteht, nennt man Destillation. Wenn alles Wasser verdampft ist, dann bleibt Kochsalz als weißes Pulver zurück. Auf diese Weise wurden aus dem homogenen Gemisch Salzwasser die zwei Reinstoffe Natriumchlorid und Wasser gewonnen.

Selten allein

Nur wenige Elemente finden wir in der Natur in ihrer elementaren Form. Die meisten Elemente kommen als Teil chemischer Verbindungen vor.

Elemente und Verbindungen

Machen wir einfach mit dem Wasser weiter. Wasser ist ein Reinstoff. Doch damit nicht genug: Chemiker unterscheiden zwei Arten von Reinstoffen. Die einen heißen chemische Elemente und bestehen aus nur einer Sorte von Atomen, das sind winzige Materieteilchen. Sie lassen sich mit chemischen Methoden nicht weiter zerlegen. Die anderen Reinstoffe sind chemische Verbindungen mit zwei oder mehr Atomsorten. Atome spielen in der Chemie eine entscheidende Rolle – dazu aber später mehr.

Wie zerlegt man Wasser?

Wir können die chemische Verbindung Wasser in ihre Bestandteile zerlegen. Dazu nehmen wir eine Batterie und leiten elektrischen Strom über Metallstücke durch das Wasser. Man nennt diese Metallstücke auch Elektroden. An jeder Elektrode entsteht jetzt ein farbloses Gas, das wir auffangen können. Der Strom hat das Wasser in Wasserstoff und Sauerstoff zerlegt! Man nennt das Elektrolyse. Wasserstoff und Sauerstoff sind wie Wasser Reinstoffe. Doch sie lassen sich nicht weiter zerlegen. Hier haben wir es also mit chemischen Elementen zu tun.

Wasser
Wasser ist eine chemische Verbindung und besteht aus den Elementen Wasserstoff und Sauerstoff. Im Wasser der Ozeane findet sich aber auch Natriumchlorid. Deshalb ist Meerwasser salzig.

Von der Alchemie zur Wissenschaft

Wir wissen heute, dass die Materie, die uns umgibt, aus kleinsten Teilchen besteht, die wir Atome nennen. Ohne die Atomtheorie gäbe es keine Smartphones, Computer und Internet. Viele der Materialien, die uns umgeben – Kunststoffe, Metalle, Keramik –, sind maßgeschneiderte Werkstoffe. Wir kennen ihren atomaren Aufbau, können diesen anpassen und so gezielt neue Materialien herstellen. Wir wissen inzwischen auch über die chemischen Vorgänge im Innern unserer Zellen Bescheid und kennen den genauen atomaren Aufbau unseres Erbguts. Wie die Welt der Atome genau aussieht, sehen wir uns später noch an. Woher aber stammt die Idee mit den Atomen?

Uralter Gedanke

Die früheste Idee von den Atomen geht zurück auf den griechischen Philosophen Demokrit und seinen Lehrer Leukipp, die vor mehr als 2000 Jahren lebten. Nach Demokrit besteht alle Materie aus sehr kleinen, nicht weiter teilbaren Teilchen, die er »Atomos« nannte, also die »Unteilbaren«. In Demokrits Vorstellung unterscheiden sich die Atome durch eine Vielfalt an Formen und Größen. An und für sich war das eine gute Idee, doch Demokrit war – wie auch andere Denker der Antike – kein Naturwissenschaftler und so versuchte er auch nicht, die Existenz von Atomen in Experimenten nachzuprüfen. Letztlich gerieten seine Überlegungen in Vergessenheit.

Feuer, Wasser, Luft und Erde

Ein anderer berühmter Grieche namens Aristoteles hatte eine ganz andere Theorie: Demnach besteht die Materie aus den vier Elementen Feuer, Wasser, Luft und Erde. Diese Vier-Elemente-Vorstellung herrschte die nächsten Jahrhunderte. Im Mittelalter und der Frühen Neuzeit benutzten sogenannte Alchemisten diese und andere mystische Vorstellungen vom Bau der Materie, um die Vorgänge in der Natur zu verstehen. Eines der ganz großen Ziele der Alchemie war die Umwandlung von unedlem Blei oder Quecksilber in edles Gold. Doch was auch immer man versuchte, es wollte einfach nicht klappen. Niemandem gelang es, Gold herzustellen. Doch hin und wieder machten die Alchemisten eine Zufallsentdeckung. So bereitete die Alchemie den Weg für die Chemie als Naturwissenschaft.

Der erste Chemiker im modernen Sinn war Antoine Lavoisier. Seine Frau half ihm bei seinen Experimenten.

Phlogiston – großer Irrtum der Chemie

Vor Lavoisier deutete man Verbrennungsvorgänge so, dass dabei ein geheimnisvoller Stoff namens Phlogiston entweicht und die brennenden Stoffe – zum Beispiel Holz – leichter werden lässt. Lavoisier erkannte diesen Irrtum. Er war vermutlich der erste Chemiker, der diese Berufsbezeichnung auch wirklich verdient hat.

Dass Hennig Brand mit dem Phosphor ein chemisches Element entdeckt hatte, wusste er nicht. Er nannte den leuchtenden Stoff »phosphorus mirabilis«, also »leuchtende Zaubersubstanz«.

Leuchtender Phosphor

Einer der Alchemisten, die unermüdlich daran arbeiteten, Gold herzustellen, war Hennig Brand. Er setzte seine Hoffnung auf Körpersäfte und dampfte Unmengen von Urin ein. Ob er wohl durch die goldgelbe Farbe darauf kam? Man kann sich jedenfalls vorstellen, wie es in seinem Alchemistenlabor gerochen haben muss. Aber Brand wurde belohnt. 1669 hatte er eine wachsartige Substanz aus dem Urin erhalten, die im Dunkeln geheimnisvoll leuchtete. Brand hatte – ohne es zu wissen – als erster Mensch ein Element mit chemischen Methoden entdeckt. Erst ein Jahrhundert später erkannte man, dass es sich um Phosphor handelte. Innerhalb weniger Jahre kamen dann Sauerstoff, Stickstoff, Chlor und Mangan als neue Elemente hinzu. Du erinnerst dich: Chemische Elemente sind nicht weiter zerlegbar. Sie sind die Bausteine der Chemie.

Aus Alchemie wird Chemie

In der zweiten Hälfte des 18. Jahrhunderts erkannte man zudem, dass es nicht nur eine Sorte »Luft« gibt, sondern verschiedene Gase. Die Vier-Elemente-Vorstellung des Aristoteles hatte spätestens jetzt ausgedient. Stattdessen zeichnete sich ab, dass alle Stoffe aus Grundstoffen bestehen. Der Franzose Antoine-Laurent Lavoisier schrieb 1789 eine erste Einführung in die Chemie und unterschied bereits 23 solcher Grundstoffe. Einige entsprechen den heute bekannten chemischen Elementen. Lavoisier zerlegte Wasser in Wasserstoff und Sauerstoff. Umgekehrt konnte er Wasserstoff und Sauerstoff wieder zu Wasser verbinden. Außerdem untersuchte er Verbrennungsvorgänge genauer und erkannte bei seinen Experimenten, welche Rolle Sauerstoff dabei spielt.

Phosphor

Was Hennig Brand im menschlichen Urin entdeckte, war weißer Phosphor. Je nachdem, wie seine Atome miteinander verknüpft sind, kann er auch rot, violett oder schwarz aussehen. Jede Sorte hat andere Eigenschaften: Weißer Phosphor kann bereits an einem heißen Sommertag schmelzen, während man schwarzen Phosphor erst einmal auf über 600 Grad Celsius erhitzen muss. In allen Fällen handelt es sich jedoch um das Element Phosphor, denn es liegt immer die gleiche Atomsorte vor.

weißer Phosphor

roter Phosphor

schwarzer Phosphor

John Dalton und die Atome

Antoine Lavoisier hatte gute Vorarbeit geleistet. Doch was genau bei einer chemischen Reaktion geschieht, davon hatte er nicht die geringste Vorstellung.
Erst Anfang des 19. Jahrhunderts führte der Engländer John Dalton die Atomtheorie als wichtiges neues Konzept in die Chemie ein. Anders als die griechischen Philosophen, die sich die Atome einfach nur ausgedacht hatten, nutzte Dalton auch die Ergebnisse von Experimenten, um seine Atomtheorie zu belegen. So wurde er zum Begründer eines wissenschaftlichen Atombegriffs. Dalton stellte sich Atome als kleinste, nicht weiter teilbare Materieteilchen vor – als unsichtbare winzige Kügelchen, die sich miteinander verbinden und auch wieder voneinander lösen können.

Die Sache mit der Dichte

Verschiedene Phänomene brachten Dalton auf die Idee seines Kugelmodells. Da waren zum Beispiel die verschiedenen Aggregatzustände, die ein Stoff annehmen kann: Er konnte fest, flüssig oder gasförmig sein. Beim Übergang von einem Aggregatzustand in den anderen verändert sich die Dichte, also das Gewicht pro Volumeneinheit. Flüssiges Wasser hat zum Beispiel eine Dichte von rund einem Gramm pro Kubikzentimeter (1g/cm^3). Am dichtesten ist ein Stoff üblicherweise als Festkörper, als Flüssigkeit nimmt die Dichte ab, am geringsten ist sie als Gas. Dalton erklärte sich das so: Stoffe bestehen aus kleinsten Teilchen, entweder aus Atomen oder Molekülen. Moleküle setzen sich aus zwei oder mehr Atomen zusammen. Bei einem Feststoff berühren sich die Teilchen; sie sind besonders dicht gepackt. Bringt man den Feststoff durch Erhitzen zum Schmelzen, bewegen sich die Teilchen heftiger und der Abstand zwischen ihnen vergrößert sich. In der Flüssigkeit sind die Teilchen also loser gepackt. Erhitzt man den Stoff nun weiter, so verdampft die Flüssigkeit zu einem Gas. Die Abstände zwischen den Teilchen werden noch viel größer.

Halbe Atome gibt es nicht!

Dalton griff auf die Experimente anderer Forscher zurück und führte auch eigene Versuche mit Gasen durch. Sie brachten zwei Gesetzmäßigkeiten zutage: Elemente – die Grundstoffe der Chemie – verbinden sich immer in ganz bestimmten Gewichtsverhältnissen. 1 Gramm Wasserstoff und 8 Gramm Sauerstoff reagieren zum Beispiel immer zu

Wie geht das denn?
Gießt man Wasser und Ethanol zusammen, vermischen sich beide Flüssigkeiten, ohne dass es zu einer chemischen Reaktion kommt. Das Wasser-Ethanol-Gemisch hat dann ein geringeres Volumen als die beiden einzelnen Flüssigkeiten zusammen ergeben würden. Daltons Atommodell konnte dieses Phänomen erklären: Zwischen den großen Ethanolmolekülen befinden sich Lücken, in die die kleineren Wassermoleküle hineinschlüpfen können.

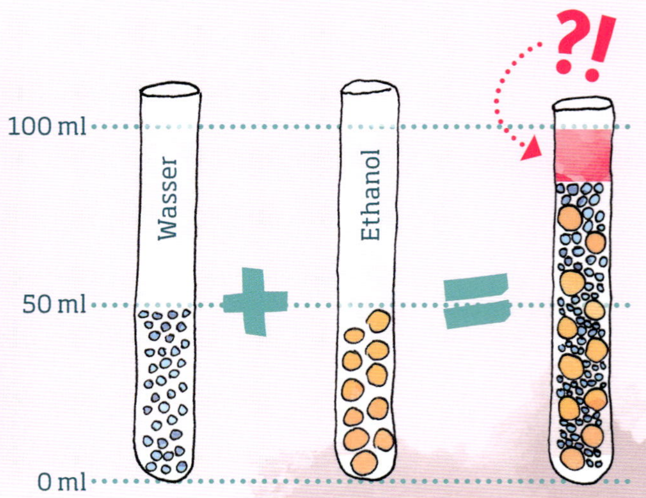

Winzige Kugeln
John Dalton stellte sich Atome wie Billardkugeln vor – nur eben sehr viel kleiner.

9 Gramm Wasser. Dalton nannte dies das Gesetz der konstanten Proportionen. 1 Gramm Wasserstoff und 16 Gramm Sauerstoff reagieren wiederum zu 17 Gramm Wasserstoffperoxid. Vielleicht hast du schon bemerkt, dass hier genau die doppelte Menge Sauerstoff vorliegt – ein ganzzahliges Vielfaches also. Das war das Gesetz von den multiplen Proportionen. Multipel bedeutet vielfach. Daltons Erklärung dafür: Elemente bestehen aus Atomen, die nicht weiter teilbar sind. Wenn zwei Elemente eine Verbindung eingehen, so bedeutet das, dass ganze Atome miteinander reagieren. Halbe Atome gibt es einfach nicht.

Daltons Atommodell

1808 stellte Dalton sein Atommodell auf: Alle Materie ist demnach aus Atomen zusammengesetzt. Das sind winzige, unteilbare Kügelchen. Jedes chemische Element besteht aus einer Atomsorte, also aus Kugeln mit einer ganz bestimmten Masse. Damals sprach man noch von Atomgewicht. Außerdem hat jede Atomsorte einen ganz bestimmten Radius. Das ist der halbe Durchmesser, also die Entfernung vom Kugelmittelpunkt bis zum Kugelrand. Die Atome selbst sind unveränderlich. Bei chemischen Reaktionen ordnen sie sich lediglich um. Sie werden weder vernichtet, noch entstehen Atome aus dem Nichts. Chemische Verbindungen wie Wasser bestehen aus sogenannten Molekülen, also aus zwei oder mehreren ganzen Atomen, die sich zusammengeschlossen haben.

John Dalton
1766–1844

Gar nicht mal so neu
John Dalton griff Demokrits Idee von den Atomen als unteilbare Teilchen auf. Er nutzte sie, um Beobachtungen aus seinen Experimenten zu deuten.

Stärken und Schwächen

Daltons Modell hatte seine Stärken und brachte die noch junge Chemie entscheidend voran. Aber es konnte viele Dinge nicht erklären: Wie kommen chemische Verbindungen überhaupt zustande? Wie lassen sich die unterschiedlichen chemischen Eigenschaften der Elemente und Verbindungen erklären? Wie sind die Atome in den Molekülen angeordnet? Und da war noch etwas! Immer mehr Elemente wurden entdeckt. Würde das immer so weitergehen? Und wie kann man Ordnung in die Vielzahl der chemischen Elemente bringen? Du siehst, es gibt noch viele Fragen zu klären!

Atome und Moleküle
Atome sind die kleinsten Einheiten eines Elements. Moleküle sind die kleinsten Einheiten eines Stoffs und umfassen mindestens zwei Atome. Moleküle können aus gleichen Atomsorten bestehen, aber auch aus unterschiedlichen.

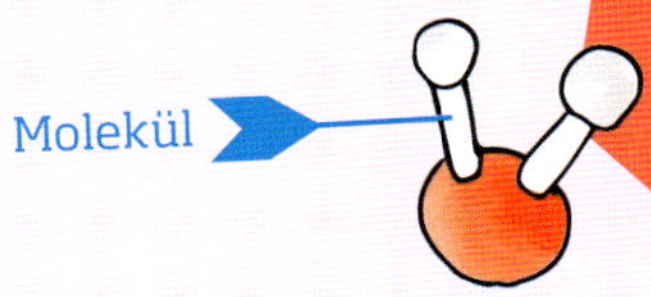

Immer mehr Elemente

Um das Jahr 1800 experimentierte der italienische Physiker Alessandro Volta mit der nach ihm benannten Volta'schen Säule, einem Vorläufer der elektrischen Batterie. Es handelte sich dabei um abwechselnd gestapelte Metallscheiben aus Kupfer und Silber, die durch in Salzwasser getränkte Holz-, Papp- oder Lederscheiben getrennt waren. Vom oberen und unteren Ende der Säule führten Drähte weg. Brachte man die Enden der Drähte zusammen, so sprühten Funken und es floss elektrischer Strom. Es war eine aufsehenerregende Erfindung, auch für die Chemie.

Kalium, Natrium und Co

Zu Beginn des 19. Jahrhunderts nutzte man die Batterie, um chemische Verbindungen mithilfe des elektrischen Stroms zu zerlegen, und entdeckte dabei so manches neue chemische Element. Der Engländer Humphrey Davy und andere englische Forscher verbesserten die Volta'sche Säule zu der damals stärksten Batterie der Welt – sie nahm einen ganzen Raum ein. Davy leitete damit Strom durch geschmolzenes Kaliumhydroxid. Bald schon schied sich an einer der beiden Elektroden ein glänzendes Metall ab, das sofort Feuer fing. Davy hatte Kalium entdeckt, ein neues Element! Durch diesen Erfolg ermutigt, elektrolysierte er auch geschmolzenes Natriumhydroxid und erhielt Natrium. Weiter ging es mit den Elementen Magnesium, Calcium, Strontium, Barium und Bor – sie alle erhielt Davy durch die Methode der Elektrolyse, also durch Zerlegung einer Verbindung mit elektrischem Strom.

Die Entdeckung der Halogene

Bei seinen Experimenten erkannte Davy, dass das bereits bekannte grünliche Chlorgas keine Verbindung, sondern ein chemisches Element ist. Denn es ließ sich nicht weiter zerlegen. Wenig später wurde in der Asche von verbranntem Seetang ein weiteres Element gefunden. Es war ein metallisch grauer Feststoff, der unter Hitze als violettes Gas sublimierte. Von Sublimation spricht man, wenn ein Festkörper direkt in die Gasphase übergeht, ohne zuvor zu schmelzen. Das neue Element erhielt den Namen Jod, vom griechischen Wort für violett. Einige Jahre danach wurde das bei Raumtemperatur flüssige Brom entdeckt, von dem bereits bei Raumtemperatur dunkelbraune Dämpfe aufsteigen. Der Name kommt vom griechischen Wort für Gestank.
Chlor, Brom und Jod hatten gemeinsam, dass sie sich mit Metallen verbanden. Solche Verbindungen heißen in der Chemie Salze – mehr dazu später. Man nannte diese Elementfamilie daher Halogene, also Salzbildner.
Ein viertes Halogen war Fluor. Es wurde jedoch erst nach längerer Suche 1886 von dem französischen Chemiker Henri Moissan entdeckt. Er benutzte dazu – du ahnst es sicher – ebenfalls die Methode der Elektrolyse.

Einmal zerlegen, bitte!
Humphrey Davy nutzte eine elektrische Stromquelle, um verschiedene Verbindungen zu elektrolysieren. Mit dieser Methode wurden eine Reihe neuer Elemente entdeckt.

Schwefel (S) verbrennt mit dem Sauerstoff (O_2) der Luft mit blauer Flamme zu gasförmigem Schwefeldioxid (SO_2).

Moleküle schreiben
Das stechend riechende Gas Schwefeldioxid ist eine chemische Verbindung. Dalton zeichnete das Molekül mit kreisförmigen Atomsymbolen. Sehr viel leichter tat sich Berzelius mit seiner Schreibweise. Heute setzen wir die kleine 2 tief.

Elementsymbole

Die Zahl der Elemente stieg und die Atomtheorie verbreitete sich unter den Chemikern, wenn auch manche den unsichtbaren Atomen ablehnend gegenüberstanden. Einer der starken Befürworter war der schwedische Chemiker Jöns Jakob Berzelius. Mit der Atomtheorie konnte er zeigen, dass bei chemischen Reaktionen zwei- oder mehratomige Moleküle auseinanderbrechen und sich die Atome neu zu anderen Molekülen zusammensetzen.
Berzelius entwickelte zudem ein System, um chemische Verbindungen aufschreiben zu können. Er gab jedem Element ein Zeichen, das sich vom lateinischen Namen des Elements ableitete. Teilweise war es ein einzelner Großbuchstabe: Wasserstoff (hydrogenium) wurde zu H, Sauerstoff (oxygenium) zu O und Stickstoff (nitrogenium) zu N. Die meisten Elementsymbole bestehen aber aus zwei Buchstaben: Eisen (ferrum) zum Beispiel bekam Fe, Natrium (natrium) Na und Blei (plumbum) Pb.

Verbindungen notieren

Verbindungen aus zwei oder mehr Elementen stellte Berzelius als Kombination der Elementsymbole dar. Er schrieb sie ganz einfach nebeneinander. Um die Verhältnisse der Atome in einem Molekül anzugeben, fügte er hochgestellte Zahlen hinzu. Für das Gas Kohlendioxid schrieb er daher CO^2, da es aus einem Kohlenstoffatom (C) und zwei Sauerstoffatomen (O) besteht. Heute verwenden wir tiefgestellte Zahlen, schreiben also CO_2. Ansonsten ist das System aber gleich geblieben. Bis heute können sich Chemikerinnen und Chemiker damit über Sprachgrenzen hinweg verständigen.

Schon gewusst?

Berzelius entdeckte auch vier Elemente: Cer, Selen, Thorium und Silizium. Silizium steckt heute in jedem Smartphone oder Computer.

Jöns Jakob Berzelius
1779–1848

Spektroskopie – das Licht der Elemente

Eine weitere praktische Erfindung für die Chemie war neben der Batterie der Bunsenbrenner. Es war Robert Bunsen, der einen einfachen Laborbrenner entwickelte, um damit Kohlengas zu verbrennen. Luftlöcher am unteren Teil vermischten das brennbare Gas mit Luft. Bei der Verbrennung entsteht eine blaue, heiße Flamme. Damit konnten Glas- und Porzellangeräte erhitzt, Flüssigkeiten verdampft und Reaktionen in Gang gesetzt werden. Bunsenbrenner werden bis heute in chemischen Laboren verwendet. Allerdings wird meist Methan und nicht das giftige Kohlengas verbrannt.

Flammentest

Der Bunsenbrenner wurde auch eingesetzt, um Stoffe zu erhitzen und zum Leuchten zu bringen. Dabei zeigte sich, dass Stoffe mit bestimmten Elementen die Flamme unterschiedlich leuchten ließen. Eine gelbe Flamme zeigte Natrium an, eine violette Kalium und Barium leuchtete grün. Der Flammentest wurde für Chemiker zu einem einfachen Hilfsmittel bei der Analyse von unbekannten Substanzen.

Licht aufspalten

Robert Bunsen und Gustav Kirchhoff entwickelten gemeinsam eine Methode, um dem Geheimnis der Flammenfärbung auf die Spur zu kommen. Mit einem Glasprisma – einem Glaskörper mit dreieckiger Grundfläche – spalteten sie das Licht der Flamme in seine Farbbestandteile auf. Sie erhielten ein Farbspektrum. Etwas Ähnliches hatte Joseph von Fraunhofer bereits 1814 mit dem Sonnenlicht gemacht und erkannt, dass dieses ein kontinuierliches Spektrum abstrahlte, das alle Farben von Violett bis Rot umfasste. Bei dem Licht der Flamme war es jedoch anders: Es enthielt lediglich ein paar Farblinien. Bunsen und Kirchhoff konnten zeigen, dass jedem Element sein ganz eigenes Farbspektrum aus ganz bestimmten Linien zuzuordnen war. Das Linienspektrum war so etwas wie ein Fingerabdruck – man konnte ein Element darüber eindeutig identifizieren. Auf diese Weise konnten Bunsen und Kirchhoff 1859 zwei neue Elemente nachweisen: Cäsium und Rubidium, die beide auffallende Ähnlichkeiten mit Natrium und Kalium zeigten.

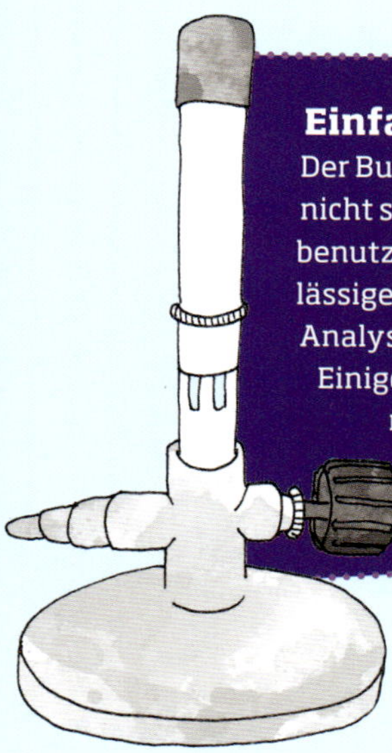

Einfach genial
Der Bunsenbrenner ist nicht sehr groß, einfach zu benutzen und ein zuverlässiges Instrument zur Analyse von Substanzen. Einige Elemente verraten sich durch eine typische Flammenfärbung.

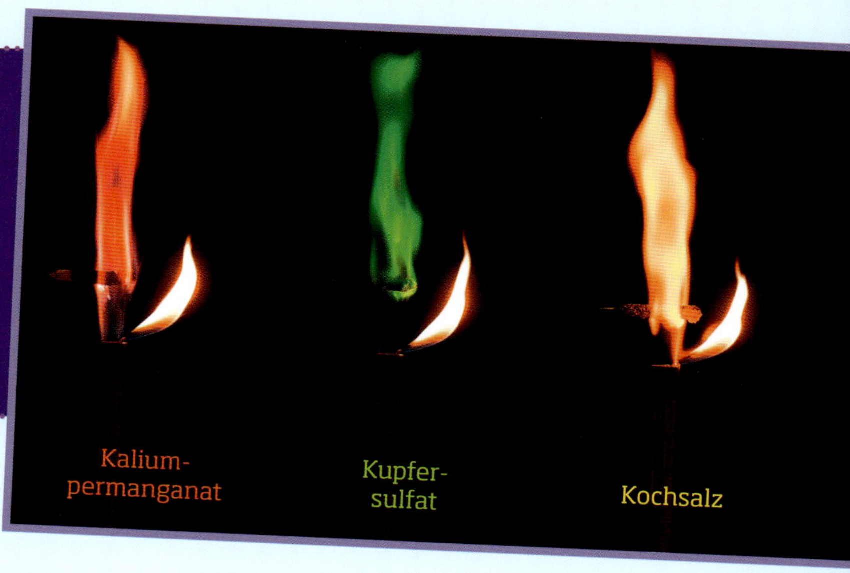

Feuerwerk
Ganz bestimmte Elemente geben dem Feuerwerk Farbe: Was da so bunt leuchtet, ist Natrium (gelb), Lithium und Strontium (rot), Calcium (orange) und Barium (gelbgrün). Für blaue Effekte greift man auf Kupfer zurück.

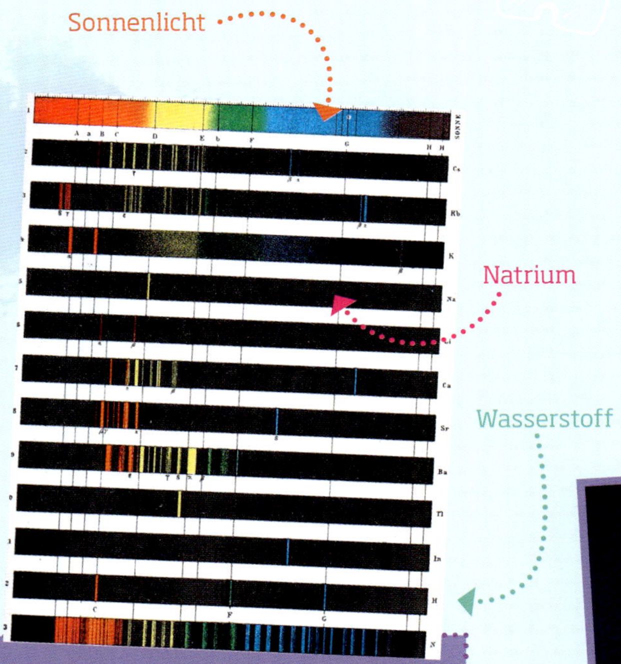

Spektrallinien

Fraunhofer entdeckte im Regenbogenspektrum des Sonnenlichts feine dunkle Linien. Diese gehören zu ganz bestimmten chemischen Elementen in der Gashülle der Sonne. Man nennt sie auch die Fraunhofer'schen Linien. Weiter unten siehst du die Linienspektren einiger Elemente.

Von einem anderen Stern

Bei einer totalen Sonnenfinsternis 1868 nutzten Pierre Janssen und Norman Lockyer unabhängig voneinander die Gelegenheit, mit einem Spektroskop das Licht der Korona zu untersuchen. Als Korona werden die äußeren Bereiche der Sonnenatmosphäre bezeichnet. Sie sind für wenige Minuten sichtbar, sobald der Mond die helle Sonnenscheibe abgedeckt hat.

Außerirdisch!

Janssen und Lockyer entdeckten eine helle gelbe Linie, die zu keinem bekannten Element passte. Sie verriet ein neues Element im Weltall, das Helium getauft wurde – nach dem griechischen Wort »helios« für »Sonne«. Erst später wurde das Edelgas Helium auch auf der Erde nachgewiesen: in vulkanischem Gestein und als Bestandteil von Erdgas.

Das Sonnenelement
Wenn sich der Mond vor die Sonne schiebt, zeigt sich die Korona. Deren Licht verriet ein neues Element: Helium, kurz He.

Die Ordnung der Elemente

In der ersten Hälfte des 19. Jahrhunderts machte die Chemie immer mehr Fortschritte. Insbesondere halfen neue Labormethoden, um Verbindungen in ihre Elemente zu zerlegen. Die Zahl der chemischen Elemente stieg stetig an. Nun stellte sich die Frage, wie man die vielen Elemente ordnen könnte.

Ordnung muss sein

Zunächst fasste man Elemente, die chemisch ähnlich reagieren, zu Gruppen zusammen. Einen großen Schritt weiter kam man, als man sich auf eine Methode geeinigt hatte, den Atomen ein Atomgewicht zuzuordnen. Heute sprechen wir von Atommasse. Nun konnte man die Elemente nach steigender Masse ordnen – eines nach dem anderen. Und was sah man da? In regelmäßigen Abständen wiederholten sich die Eigenschaften. In anderen Worten: Die chemischen Eigenschaften verhielten sich periodisch.

Suche nach dem System

Mehrere Chemiker suchten fieberhaft nach einem System und trugen zur Entwicklung eines Periodischen Systems der chemischen Elemente bei – meist spricht man einfach nur vom Periodensystem. Heute hängt diese bunte Tabelle in jedem Chemiesaal. Doch damals war es wie ein Puzzle, bei dem man das fertige Bild noch nicht kannte und die Hälfte der Puzzleteile fehlte. Viele Elemente waren ja noch gar nicht entdeckt! Eine knifflige Aufgabe also, an der viele Forscher verzweifelten. Zwei Chemikern jedoch gelang dieses Kunststück besser als ihren Kollegen. Einer von ihnen, der russische Chemieprofessor Dmitri Mendelejew, sagte sogar die Eigenschaften einiger fehlender Elemente mit erstaunlicher Genauigkeit voraus.

Schon gewusst?

Etwa 21 Elemente sind im menschlichen Körper enthalten. In größeren Mengen findet man Sauerstoff, Wasserstoff, Kohlenstoff, Stickstoff, Phosphor, Kalzium, Natrium und Chlor. In kleineren Mengen sind unter anderem Eisen, Zink, Kupfer, Mangan und Selen vorhanden.

Dmitri Mendelejew
Er ordnete die Elemente und gilt als Vater des Periodensystems. In der Version, die er 1869 veröffentlichte, fanden sich allerdings nur 63 chemische Elemente und etliche Lücken.

Leichtgewicht

Das Element mit der geringsten Atommasse ist Wasserstoff. Es führt das Periodensystem an.

Seltsames Metall

Aua, tut das nicht weh? Nein! Denn das Element Gallium hat einen niedrigen Schmelzpunkt. So kommt es, dass das Metall schon durch die Körperwärme in der Hand schmilzt.

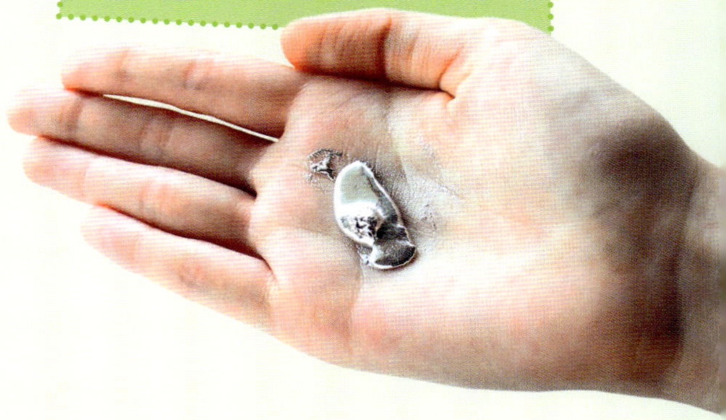

Periodensystem

Das Periodensystem umfasst alle heute bekannten 118 chemischen Elemente. Jeder dieser Bausteine der Chemie hat seinen Platz. Diese Tabelle ist das wichtigste Instrument für jeden, der Chemie in der Schule oder an der Universität lernt.

Die Suche nach Ordnung

Gibt es ein sinnvolles System zur Ordnung der Elemente? Um diese wichtige Frage zu klären, luden der deutsche Chemiker August Kekulé und einige seiner Kollegen 1860 zur ersten internationalen Chemiekonferenz nach Karlsruhe ein.

Welche Masse haben Atome?

Als wichtigstes Ergebnis der Tagung einigten sich die Teilnehmer auf ein Verfahren, den Elementen – also den verschiedenen Atomsorten – Atommassen zuzuordnen. Bis dahin kursierten unterschiedliche Werte, was für Verwirrung sorgte. Auf der Karlsruher Konferenz beschloss man, dass das leichteste Element Wasserstoff die Atommasse 1 bekommen soll. Kohlenstoff bekam die Atommasse 12 und Sauerstoff die Atommasse 16 zugeschrieben. Damit war ein Anfang gemacht, um die Elemente sinnvoll ordnen zu können.
Noch vor Ablauf des Jahrzehnts entwickelten zwei Tagungsteilnehmer – der Russe Dmitri Mendelejew und der Deutsche Lothar Meyer – auf der Grundlage der beschlossenen Atommassen ihre vielversprechenden Ideen zur Ordnung der Elemente. Dabei konnten beide auf wichtige Vorarbeiten anderer Chemiker aufbauen.

Was sind Triaden?

So hatte der deutsche Chemiker Johann Döbereiner 1829 fünf Triaden unter den Elementen gefunden. Eine Triade ist eine Gruppe von drei Elementen mit ähnlichen Eigenschaften. Lithium, Natrium und Kalium zum Beispiel sind drei Metalle mit ähnlichen Schmelz- und Siedepunkten und mit annähernd gleicher Dichte – sie haben also ähnliche physikalische Eigenschaften. Diese drei Elemente reagieren auf ähnliche Weise heftig mit Wasser, sind also auch chemisch miteinander verwandt. Eine andere Triade umfasste Chlor, Brom und Jod. Wir wissen ja schon, dass sich diese Elemente mit Metallen zu sogenannten Salzen verbinden – also zu Substanzen, die wasserlöslich sind und einen hohen Schmelzpunkt haben. Eine dritte Triade sind Schwefel, Selen und Tellur, die Säuren bilden. Die chemische Ähnlichkeit der Elemente sollte später ein wichtiges Ordnungskriterium sein.

Döbereiner versuchte, Ordnung in die Elemente zu bringen, und stieß auf die Triaden. Diese Dreiergruppen von Elementen ähneln sich in ihren chemischen Eigenschaften.

Johann Döbereiner
1780–1849

Wie in der Musik – Oktaven
Als man die Elemente im 19. Jahrhundert nach steigender Atommasse in eine Reihe schrieb, wiederholten sich alle acht Plätze die chemischen Eigenschaften. Lithium (Li), Natrium (Na) und Kalium (K) etwa sind Metalle, die heftig mit Wasser reagieren.

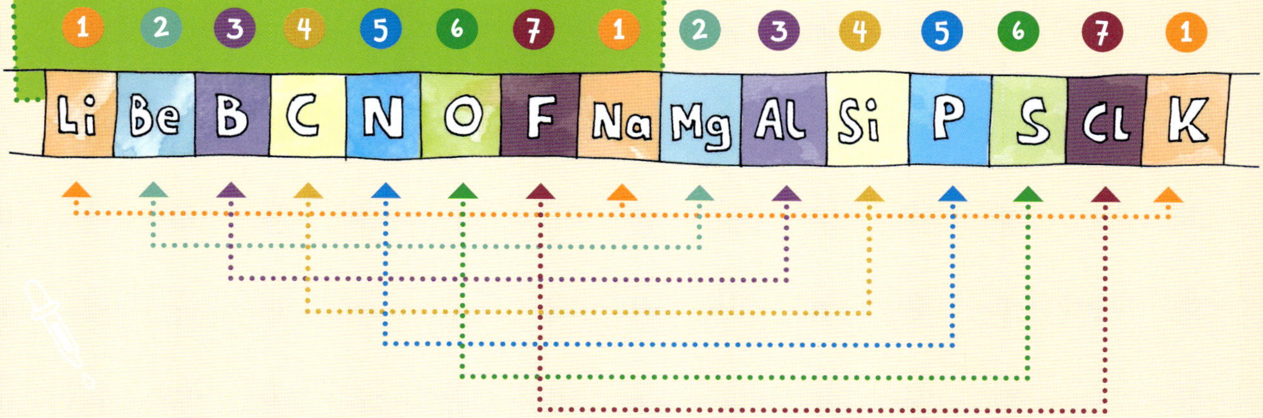

Das Gesetz der Oktaven

Zwischen 1863 und 1865 fand der englische Chemiker John Newlands einen weiteren Zusammenhang. Ordnet man die Elemente nach steigender Atommasse, so wiederholen sich die chemischen Eigenschaften nach jeweils acht Elementen. Er verglich diese sogenannte Periodizität mit den Oktaven in der Musik und nannte seine Entdeckung das Gesetz der Oktaven. Newlands ordnete die Elemente in einer Tabelle an, in der jedes Element unter seinem chemisch ähnlichen Vorgänger stand. Das funktionierte hervorragend – und es fanden sich auch die Triaden von Döbereiner wieder. Doch bei den anderen Elementen herrschte ein allzu großes Durcheinander. Newlands System war noch nicht überzeugend. Zudem fanden es seine Chemikerkollegen weit hergeholt, die Chemie mit der Musik zu vergleichen.

Das Konzept der Wertigkeit

Der englische Chemiker Edward Frankland befasste sich mit Verbindungen aus Metallen und organischen Substanzen. Kurz zur Erinnerung: Diese enthalten Kohlenstoff. Frankland entdeckte, dass je nach Metall unterschiedliche Mengen mit dem organischen Material reagierten. Ganz offensichtlich gehen die verschiedenen Metalle eine unterschiedliche Zahl von chemischen Bindungen ein. Er nannte das einen unterschiedlichen Kombinationswert. Später benutzte man dafür den Begriff »Wertigkeit« oder »Valenz«. Sie gibt die maximale Zahl der Bindungen an, die ein Atom in einem Molekül mit anderen Atomen eingehen kann. Wasserstoff hat die Wertigkeit eins, Sauerstoff die Wertigkeit zwei und Kohlenstoff die Wertigkeit vier. Kohlenstoff kann also vier Bindungen zu anderen Atomen eingehen, während der Wasserstoff nur zu einer Bindung fähig ist. Woran das liegt, wird deutlich, wenn wir uns später den genaueren Aufbau der Atome ansehen.

Die Väter des Periodensystems

Zwei Forschern gelang es, die chemischen Elemente nach dem Karlsruher Chemiekongress von 1860 besonders überzeugend in Tabellen anzuordnen: dem Deutschen Lothar Meyer und dem Russen Dmitri Mendelejew. Beide schrieben Lehrbücher für ihre Studenten, in denen sie die neuesten Erkenntnisse der Chemie zusammenfassten.

Lothar Meyer und die Elemente

Lothar Meyers Lehrbuch »Die modernen Theorien der Chemie« erschien bereits 1864 und enthielt eine 28 Elemente umfassende Tabelle. Darin hatte Meyer die Elemente nach steigender Atommasse angeordnet – und zwar so, dass Elemente mit gleicher Wertigkeit untereinander stehen. Du weißt ja: Die Wertigkeit ist die Zahl der chemischen Bindungen, die ein Atom maximal eingehen kann. Doch Meyers Tabelle hatte entscheidende Schwächen. Er hatte etliche Lücken lassen müssen und 22 Elemente konnte er überhaupt nicht einfügen. Erst im Jahr 1870 veröffentlichte er eine neue Tabelle, in der alle damals bekannten Elemente untergebracht waren. Zu spät, denn der russische Chemiker Dmitri Mendelejew war ihm mit einer ähnlichen Tabelle um ein knappes Jahr zuvorgekommen.

Lothar Meyer
1830–1895

Anfangs wurde noch diskutiert, wer denn nun der eigentliche Begründer des Periodensystems sei. Letztendlich hatte Mendelejew seine Tabelle vor Meyer veröffentlicht – und sein System war umfassender. Wie im Sport gilt auch in den Naturwissenschaften: Der Erste erntet den Ruhm. So gilt Dmitri Mendelejew heute als Entdecker des Periodensystems, während Lothar Meyers Leistung in Vergessenheit geriet.

Mendelejews Tabelle

Dmitri Mendelejew war Chemieprofessor in St. Petersburg. 1869 stand er vor einer schwierigen Aufgabe: Er suchte eine schlüssige Abfolge der Kapitel für sein Lehrbuch der Chemie, in dem er die damals bekannten 63 Elemente vorstellen wollte. Mendelejew sortierte die Elemente nach steigender Atommasse, was keine neue Idee war. Auch war er nicht der Erste, dem die Periodizität chemischer Eigenschaften auffiel. Es gelang ihm aber, die Elemente so anzuordnen, dass sich Elementfamilien ergaben, deren Mitglieder ähnliche chemische Verbindungen bildeten. Wir kennen ja schon die Halogene mit den Elementen Fluor, Chlor und Brom. Ein weiteres Beispiel sind die sogenannten Alkalimetalle, zu denen Lithium, Natrium und Kalium gehören.

→ Schon gewusst?

Nicht mal das Einladungsschreiben einer Käserei hat Dmitri Mendelejew weggeworfen, denn auf der Rückseite waren Berechnungen zu Atommassen notiert. Heute kann man die Kritzeleien im Museum bewundern.

Mendelejew und die Kärtchen

Oft hört man die Geschichte, wonach Mendelejew ein begeisterter Kartenspieler war. Statt Spielkarten soll er sich Kärtchen mit den Elementsymbolen und Atommassen für alle damals bekannten Elemente geschrieben und diese so lange auf dem Tisch herumgeschoben haben, bis sich eine sinnvolle Anordnung ergab. Das wäre keine schlechte Herangehensweise, um das Problem zu lösen. Vermutlich stimmt die Geschichte aber nicht. Denn als Mendelejew klar wurde, dass er wahrscheinlich berühmt werden würde, hat er alle Notizen und Schriftstücke, die mit seiner Arbeit zusammenhingen, sorgsam aufbewahrt. Allerdings fand sich kein einziges Kärtchen darunter.
Einer anderen Anekdote zufolge soll ihm die Lösung im Traum gekommen sein. Sicherlich hatte Mendelejew so manche Nacht durchgearbeitet, denn die Atommassen, die ihm zur Verfügung standen, waren zum Teil falsch. Sein Vertrauen in sein Ordnungssystem war jedoch so groß, dass er die falschen Werte einfach korrigierte. In anderen Fällen konnte er die Reihenfolge nach steigender Atommasse nicht einhalten und musste die Plätze von benachbarten Elementen tauschen. Und das war richtig so! Was dahintersteckt, klären wir später.

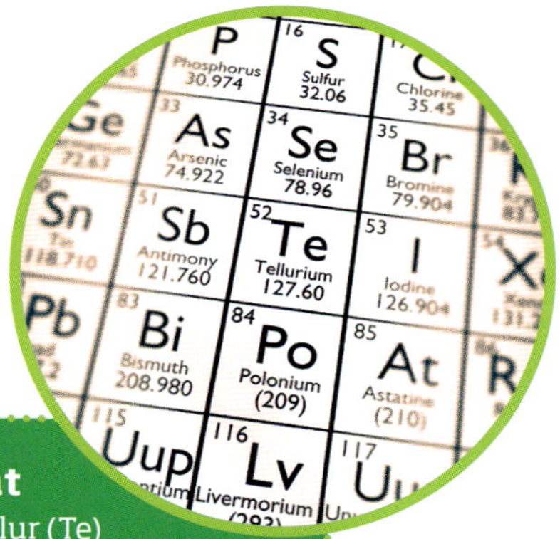

Gut gemacht

Das Element Tellur (Te) kommt im Periodensystem noch vor Jod (I) – obwohl es eine höhere Atommasse hat! Mendelejew hatte nämlich erkannt, dass Jod aufgrund seiner chemischen Eigenschaften besser zum darüberstehenden Brom (Br) passt als zum Selen (Se) ein Feld weiter links.

Dmitri Mendelejew
1834–1907

Mut zur Lücke

Im Periodensystem von Mendelejew aus dem Jahr 1869 gab es wie in der Tabelle von Meyer Lücken – er markierte sie jeweils mit einem Strich. Sein Gefühl sagte ihm, dass diese Striche sinnvoll waren. Sie standen als Platzhalter für noch zu entdeckende Elemente.

Die Lücken füllen sich

Mendelejew veröffentlichte 1871 eine überarbeitete Tabelle, die weiterhin Lücken für noch nicht entdeckte Elemente enthielt. Er sagte sogar die chemischen Eigenschaften einiger dieser Elemente voraus! Drei davon bezeichnete er als Eka-Bor, Eka-Aluminium und Eka-Silizium, benannt nach ihrer Nähe zu bekannten Elementen. Eka ist ausnahmsweise nicht griechisch oder lateinisch, sondern stammt aus der altindischen Sprache Sanskrit und bedeutet »eins«. Eka-Aluminium bedeutet somit »ein Element nach dem Aluminium«. Tatsächlich wurden diese drei Elemente noch zu Lebzeiten Mendelejews entdeckt und die Lücken gefüllt. Eine bessere Bestätigung für die Gültigkeit des Periodensystems konnte es nicht geben.

Gallium macht den Anfang

1875 entdeckte der französische Chemiker Paul-Émile Lecoq de Boisbaudran das Eka-Aluminium mit einer Atommasse von 68. Es ist ein typisches Metall, das glänzt und Wärme sehr gut leitet. Es kann leicht zu Blechen verformt oder zu einem Draht gezogen werden. Seine Dichte beträgt etwa 6 Gramm pro Kubikzentimeter und der Schmelzpunkt ist mit knapp 30 Grad Celsius sehr niedrig. Das alles hatte Dmitri Mendelejew im Jahr 1871 allein anhand der Lücke im Periodensystem vorhergesagt. Lecoq de Boisbaudran, der Entdecker des Elements, nannte es Gallium – nach seinem Heimatland Frankreich. Denn »Gallia« steht im Lateinischen für Frankreich. Möglicherweise hat er das neue Element aber auch nach sich selbst benannt. Denn »le coq« ist französisch für Hahn und im Lateinischen heißt »gallus« Hahn. Wie auch immer – am Ende wurde aus Eka-Aluminium Gallium.

Kluger Kopf
Dmitri Mendelejew war das jüngste von 14 Kindern. Seine Mutter erkannte seine Begabung und ermöglichte ihm eine Ausbildung zum Chemiker. Er hat kein einziges Element selber entdeckt, aber mehrere Entdeckungen genau vorausgesagt.

Schon gewusst?

Dmitri Mendelejew hat nie einen Nobelpreis bekommen. Dafür wurde er – ebenso wie Lothar Meyer – mit der Davy-Medaille ausgezeichnet. Verewigt ist er auch im Periodensystem selbst. 1955 stellten amerikanische Forscher 17 Atome eines neuen unbekannten Elements her, das es in der Natur nicht gibt. 1963 wurde es offiziell Mendelevium getauft.

Gallium
Das Element Gallium folgt im Periodensystem auf das Aluminium. Der Schmelzpunkt beträgt 30 Grad Celsius – man kann das Metall also mit der eigenen Körperwärme schmelzen.

Gesucht!

Heute sind 118 Elemente bekannt und stehen im Periodensystem. Forscher versuchen derzeit fieberhaft, das Element 119 künstlich herzustellen.

Zufall
Ernest Lawrence (rechts) hat mit einem solchen Teilchenbeschleuniger unwissentlich das Element Technetium hergestellt. Technetiumatome werden heute vielfach in der Medizin eingesetzt, etwa um die Funktion der Schilddrüse zu messen.

Scandium und Germanium

1879 entdeckte der schwedische Chemiker Lars Fredrik Nilson dann ein weiteres Element, das Eka-Bor, und nannte es nach seiner skandinavischen Heimat Scandium. Wie von Mendelejew vorhergesagt, ist Scandium ein weiches, leichtes Metall ähnlich dem Aluminium. 1886 schließlich füllte der deutsche Chemiker Clemens Winkler die dritte Lücke und benannte das neue Element nach seinem Heimatland: Germanium. Wie sein Nachbar Silizium ist Germanium ein sogenannter Halbleiter, der Eigenschaften von Metallen und Nichtmetallen vereint. Auch hier trafen Mendelejews Aussagen zu.

Technisch hergestellt: Technetium

Ein anderes Element, das Mendelejew Eka-Mangan nannte, konnte lange niemand finden. Zwar gab es einige Meldungen über die angebliche Entdeckung, doch diese stellten sich alle als falsch heraus. So mancher Chemiker zweifelte daran, ob es das Eka-Mangan wirklich gibt. Tatsächlich kommt das Element in der Natur nur in extrem winzigen Mengen vor. Es ist so selten, dass es erst 1937 entdeckt wurde – fast 70 Jahre, nachdem Mendelejew Vorhersagen dazu getroffen hatte. Der amerikanische Physiker Ernest Lawrence hatte ein Experiment mit einem Teilchenbeschleuniger durchgeführt und dabei Atome von schwerem Wasserstoff auf Bleche aus Molybdän geschossen. Zwei italienische Forscher, der Physiker Emilio Segrè und der Chemiker Carlo Perrier, ließen sich Proben nach Italien schicken und konnten daraus das lange gesuchte Element isolieren. Tatsächlich hatte es genau die Eigenschaften, die für Eka-Mangan vorhergesagt wurden. Es war das erste Element, das man nicht in der Natur entdeckt, sondern technisch hergestellt hatte. Deshalb bekam es den Namen Technetium.

Das moderne Periodensystem

Die Entdeckungen von Gallium, Scandium und Germanium verhalfen Mendelejews Periodensystem zum Durchbruch. Allerdings hatte er auch Elemente vorhergesagt, die nie gefunden wurden – so die vermeintlichen Elemente Coronium und Newtonium, die beide leichter sein sollten als Wasserstoff. Heute wissen wir, dass es kein leichteres Atom als Wasserstoff geben kann. Das hat damit zu tun, wie Atome im Detail aufgebaut sind – aber dazu später.

Hübsch geordnet

Trotz der teilweise falschen Vorhersagen hat sich Mendelejews Ordnung der Elemente bis heute bewährt. Die Lücken, die er gelassen hatte, wurden alle gefüllt. Und als die Familie der Edelgase in den 1890er-Jahren entdeckt wurde, fügten diese sich ebenso problemlos in Mendelejews Tabelle ein – sie wurden einfach als neue Gruppe angehängt. Sogar künstlich hergestellte Elemente wie Neptunium und Americium, die man in Kernreaktoren oder Teilchenbeschleunigern herstellte, fanden ihren Platz im Periodensystem.

Alle Plätze besetzt
Während Mendelejews Tabelle noch voller Lücken war, ist das Periodensystem heute vollständig aufgefüllt. Es reicht vom Wasserstoff bis zum Oganesson, einem künstlich hergestellten Element.

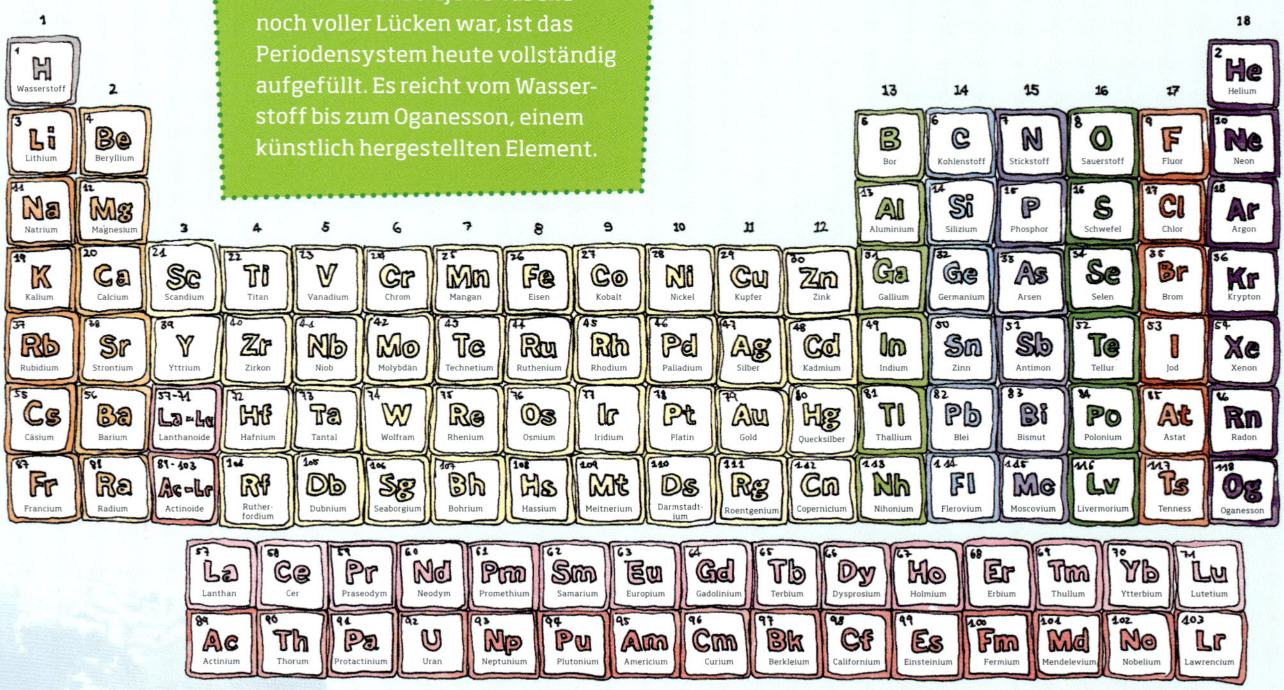

Hätte Mendelejew gewusst, wie Atome aufgebaut sind, wäre er nicht auf die Idee gekommen, leichtere Elemente als Wasserstoff zu vermuten.

Natürliche Elemente

Üblicherweise gelten die 92 Elemente vom Wasserstoff bis zum Uran als natürliche Elemente. Auch Technetium und Prometium zählen dazu. Sie wurden zunächst künstlich hergestellt, bevor man sie in Spuren auch in der Natur nachweisen konnte.

Besondere Form

Derzeit enthält das Periodensystem 118 Elemente: vom ersten und leichtesten Element Wasserstoff bis zum vorläufig letzten und künstlich hergestellten Oganesson. Ganz hinten in diesem Buch findest du eine größere Darstellung des Periodensystems – blättere am besten gleich mal hin!
Das moderne Periodensystem sieht sehr viel anders aus als die ersten Tabellen aus dem 19. Jahrhundert. Es besteht aus sieben horizontalen Zeilen, den sogenannten Perioden. In diesen Zeilen sind die Elemente weitestgehend nach Atommasse angeordnet. Die chemisch ähnlichen Elemente einer Familie oder Gruppe stehen in den senkrechten Spalten untereinander. So ergibt sich eine eigenartige Form, die mit etwas Fantasie an eine mittelalterliche Burg erinnert. Nur die beiden horizontalen Zeilen, die noch mal extra ganz unten stehen, stören da ein bisschen.

Fragen über Fragen

Warum das Periodensystem aber diese Form hat und wieso sich die chemischen Eigenschaften periodisch wiederholen, dafür hatten Mendelejew und seine Zeitgenossen keine Erklärung. Denn sie hatten nicht die geringste Ahnung, was Atome genau sind. Das Dalton'sche Atommodell, wonach Atome unteilbare Kugeln sind, konnte auch nicht erklären, warum und wie die Elemente miteinander reagieren und was eine chemische Bindung ist. Ende des 19. Jahrhunderts zeichnete sich dann ab, dass Atome entgegen der Theorie von Dalton doch keine unteilbaren Gebilde sind und aus noch kleineren Teilchen bestehen. Erst im 20. Jahrhundert, nachdem der Bau der Atome im Detail geklärt war, hatte das Periodensystem sein theoretisches Fundament bekommen. Doch bis dorthin war es ein weiter und mühsamer Weg ...

Elemente, die schwerer sind als Uran, wurden künstlich erzeugt. Viele sind nach Wissenschaftlern benannt, etwa Bohrium nach dem Atomphysiker Niels Bohr oder Roentgenium nach dem Entdecker der Röntgenstrahlung Wilhelm Conrad Röntgen.

Neuere Atommodelle

Daltons Theorie der Atome als unteilbare Bausteine der Materie erklärt, warum sich Elemente in ganzzahligen Verhältnissen zu chemischen Verbindungen zusammenfügen. Aber warum sich Atome überhaupt mit anderen Atomen verbinden und worauf die unterschiedliche Wertigkeit der Elemente beruht, darauf hatte Dalton keine Antwort. Hinzu kam, dass gegen Ende des 19. Jahrhunderts seltsam strahlende Stoffe entdeckt wurden. Woher kommt diese radioaktive Strahlung? Und noch eine Entdeckung konnte das Atommodell von Dalton nicht erklären: In einem Laborexperiment ließen sich extrem leichte elektrisch geladene Teilchen erzeugen. Diese konnten nur aus den Atomen stammen. Ganz offensichtlich besaßen die Atome also einen inneren Aufbau.

Bau der Atome

Nicht von Chemikern, sondern von Physikern wurden neuere und bessere Atommodelle geschaffen. Eines glich einem Planetensystem: Elektrisch negativ geladene Teilchen – die Elektronen – kreisen dabei um einen positiv geladenen Atomkern. Doch die alte Physik, die das Sonnensystem gut beschrieb, versagte bei den Atomen völlig. Um Atome verstehen zu können, musste erst eine neue Art von Physik geschaffen werden. Allmählich näherte man sich auf diese Weise Modellen, die das Verhalten der Atome zwar gut beschrieben, jedoch mit dem Alltagsverstand nur schwer zu begreifen sind. Aber man konnte damit so manche Beobachtungen der Chemiker erklären – zum Beispiel warum sich manche Elemente ähneln. Es hatte damit zu tun, wie die Elektronen im Atom angeordnet sind. Aber immer schön der Reihe nach ...

Was ist das denn?
Sieht aus, als wäre hier ein Luftballonkünstler am Werk gewesen. Wenn Atomphysiker Atome berechnen, dann kommen sie zu diesem Ergebnis. In solchen eigentümlich geformten Räumen halten sich die Elektronen auf.

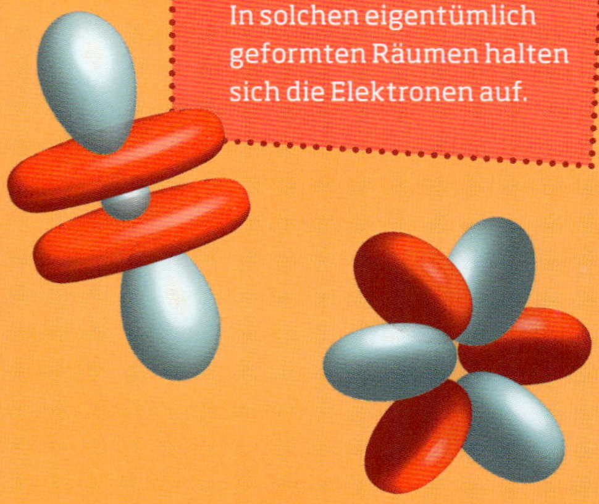

Rosinen im Kuchenteig
Nach einem bekannten Modell kann man sich Atome wie einen Rosinenkuchen vorstellen. Die elektrisch negativ geladenen Elektronen wären dann die Rosinen. Aber stimmt das?

Niels Bohr
Er hat sich dieses Modell eines Atoms ausgedacht. Wie Planeten um die Sonne kreisen, sausen Elektronen um den Atomkern – auf genau festgelegten Umlaufbahnen. Kein schlechter Gedanke, aber es geht noch besser!

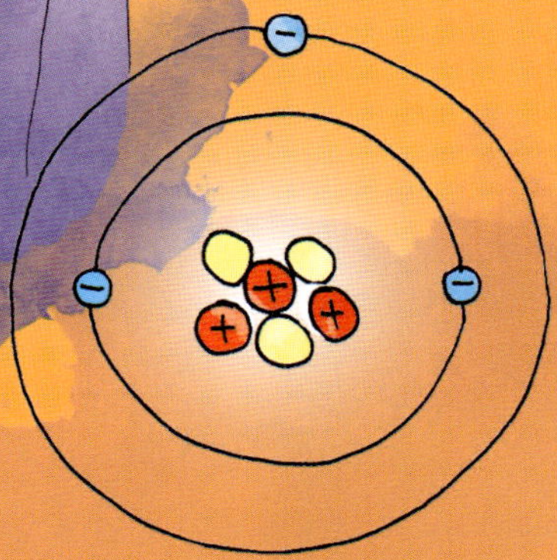

Innenleben der Atome
Langsam kam man dahinter: Mit nur drei Bausteinen lassen sich alle Atome des Periodensystems basteln. Sie bestehen aus Protonen, Neutronen und Elektronen.

Doch nicht unteilbar!

Die Idee vom unteilbaren Atom war zu schön, um wahr zu sein. John Dalton hatte der Chemie mit seinem Kugelmodell einen entscheidenden Schubs gegeben. Bei manchen Beobachtungen versagte es jedoch: Woher kommen die eigentümlichen Strahlen, die von uranhaltigen Mineralien ausgehen? Der französische Physiker Henri Becquerel hatte 1896 entdeckt, dass sich eine Fotoplatte schwärzt, wenn man Uranerz darauf legt. Zunächst tat er das mit phosphoreszierenden, also im Sonnenlicht leuchtenden Uranmineralien. Aber die Schwärzung trat auch bei nichtleuchtenden Uranmineralien auf. Becquerel hatte mit diesen Experimenten die Radioaktivität entdeckt und damit einen ersten Hinweis darauf bekommen, dass Atome ein Innenleben haben mussten.

Thomson entdeckt das Elektron

Ein weiterer Hinweis kam 1897 von dem englischen Physiker J. J. Thomson. Er experimentierte mit der Kathodenstrahlröhre, einer teilweise leer gepumpten Glasröhre, die mehrere Metallelektroden enthielt. An einem Ende der Röhre befanden sich zwei Elektroden, an die Thomson eine hohe elektrische Spannung anlegte. Er erzeugte einen seltsamen Strahl, der das restliche Gas in der Röhre zum Leuchten brachte. Mit einer Spannung, die er an zwei weiteren Elektroden anlegte, konnte Thomson den Weg, den der Strahl nahm, verändern. Man sagt auch: Der Strahl wurde durch ein elektrisches Feld abgelenkt. Thomson hatte mit diesem Experiment die elektrisch negativ geladenen Elektronen entdeckt, aus denen der Strahl bestand. Er konnte zeigen, dass Elektronen sehr leichte, negativ geladene Teilchen sind. Und die konnten nur aus den Metallatomen der Elektroden stammen. Also müssen Atome aus noch kleineren Teilchen bestehen!

J. J. Thomson
1856–1940

Elektronenbeschleuniger
Durch hohe Spannung werden in einer nahezu luftleer gepumpten Röhre elektrisch negativ geladene Elektronen aus Metallelektroden gelöst und beschleunigt. Der Elektronenstrahl wird dann durch ein elektrisches Feld abgelenkt.

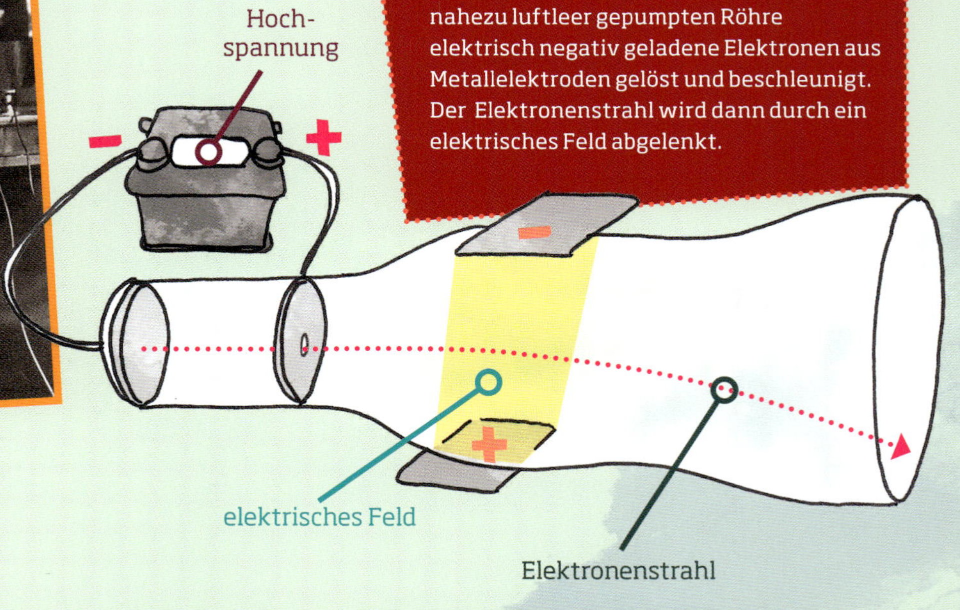

Was hat Rosinenkuchen mit Atomen zu tun?

Bestimmt kennst du das: Durch Reiben kann man einen Festkörper elektrisch aufladen. Das bedeutet, dass man elektrisch positive und negative Ladungen trennt. Das geht zum Beispiel, indem man ein Kunststofflineal oder einen Luftballon an einem Wollpullover reibt. Dabei gehen Elektronen von der Wolle auf das Lineal oder den Ballon über. Mit dem elektrisch negativ aufgeladenen Lineal oder Luftballon lassen sich nun zum Beispiel leichte Papierschnipsel oder Haare anziehen. Thomson vermutete, dass Atome aus Elektronen bestehen, die in eine Masse aus gleichmäßig verteilter positiver Ladung eingebettet sind. Dabei gleicht die positive Ladung die negative Ladung der Elektronen aus. In Thomsons Modell sind die Elektronen ähnlich wie Rosinen in einem Kuchen verteilt. Deswegen spricht man auch vom Rosinenkuchen-Modell.

Atomkuchen
In Thomsons Vorstellung steckten die negativ geladenen Elektronen in einer positiv geladenen Masse, so wie Rosinen in einem Kuchenteig. Doch dieses Rosinenkuchen-Modell wurde bald schon durch bessere Modelle ersetzt.

Elektrisierend!
Reibst du einen Luftballon an deinen Haaren, werden Elektronen auf ihn übertragen. Er wird negativ geladen. Danach zieht der Ballon deine positiv geladenen Haare an, bis die Elektronen wieder zurückgewandert sind.

Alpha, Beta, Gamma

Der Neuseeländer Ernest Rutherford arbeitete zeitweise in J. J. Thomsons Labor in Cambridge, England. Dort befasste er sich mit der kurz zuvor von Henri Becquerel entdeckten Radioaktivität. 1898 stellte Rutherford fest, dass zwei unterschiedliche Strahlungsarten von dem chemischen Element Uran ausgehen. Er nannte sie nach den ersten beiden Buchstaben des griechischen Alphabets Alphastrahlung und Betastrahlung. Letztlich stellte sich heraus, dass die Betastrahlen Elektronen sind, also leichte, negativ geladene Teilchen. Die Alphastrahlung hingegen besteht aus deutlich schwereren Teilchen, die zudem positiv geladen sind.
Der Franzose Paul Villard fand im Jahr 1900 eine dritte Art Strahlung, die vom Element Radium ausging. Es handelte sich um elektromagnetische Strahlung – ähnlich wie sichtbares Licht, nur mit wesentlich kürzeren Wellenlängen. Villard nannte sie nach dem dritten Buchstaben im griechischen Alphabet Gammastrahlung.

Wie sieht es im Atom aus?

Die Elektronen, die Thomson entdeckt hatte, und die von Rutherford gefundene Teilchenstrahlung zeigten, dass Atome alles andere als unteilbar sind. Sie mussten einen inneren Aufbau haben! Aber wie sieht der genau aus?

Rutherford denkt weiter

Ernest Rutherford war neugierig geworden und befasste sich weiter mit der Radioaktivität. Er erkannte, dass die Atomkerne mancher Elemente innerhalb einer ganz bestimmten Zeit zur Hälfte zerfallen und dabei Strahlung aussenden. Man nennt diese Zeit Halbwertszeit. Mit jeder weiteren Halbwertszeit halbierte sich die Zahl der Atome weiter. Für seine Arbeiten dazu erhielt Rutherford den Nobelpreis für Physik. Aber es gab noch sehr viel mehr zur Radioaktivität zu erforschen. So entwickelte er zusammen mit dem Deutschen Hans Geiger ein Messgerät für radioaktive Strahlung: den Geigerzähler. Rutherford setzte ihn ein, um Alphastrahlen nachzuweisen.

Atome durchleuchten

Mit der Alphastrahlung wollte Rutherford dem Atombau auf die Schliche kommen. Er nutzte dafür Gold. Reines Gold ist ein weiches Metall, das sich zu hauchdünnen Folien hämmern lässt – vielleicht kennst du Blattgold. Rutherford beschoss 1909 eine solche Goldfolie mit Alphastrahlung und betrachtete auf einem Leuchtschirm dahinter kleine Blitze.

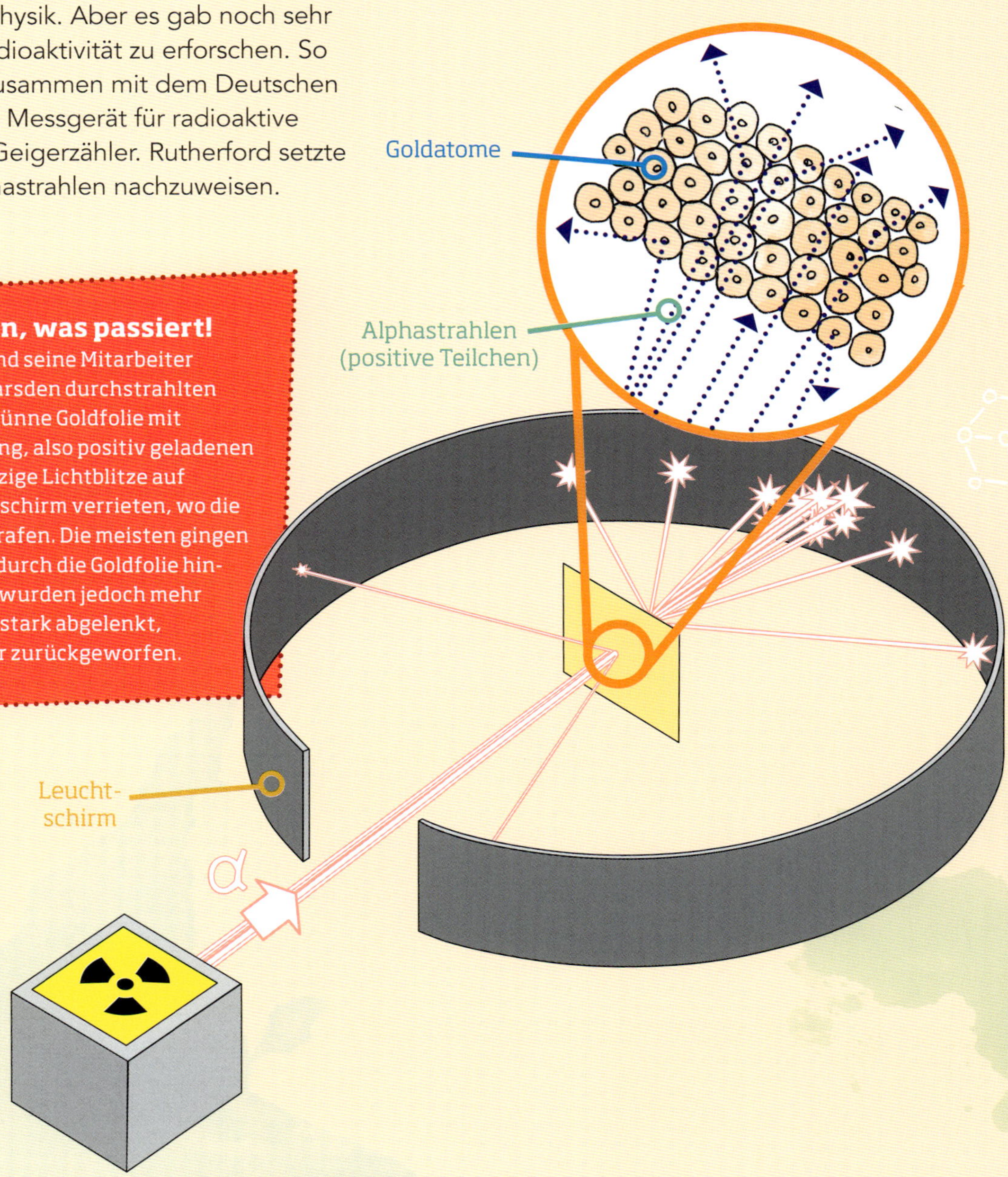

Mal gucken, was passiert!

Rutherford und seine Mitarbeiter Geiger und Marsden durchstrahlten eine extrem dünne Goldfolie mit Alphastrahlung, also positiv geladenen Teilchen. Winzige Lichtblitze auf einem Leuchtschirm verrieten, wo die Teilchen auftrafen. Die meisten gingen ungehindert durch die Goldfolie hindurch. Einige wurden jedoch mehr oder weniger stark abgelenkt, manche sogar zurückgeworfen.

Sie verrieten, wo die positiv geladenen Alphateilchen auftrafen und welchen Weg sie durch die Folie genommen hatten. Damit wollte Rutherford eigentlich das Rosinenkuchen-Modell seines ehemaligen Lehrers J. J. Thomson bestätigen. Er ging davon aus, dass die Elektronen der Goldatome gleichmäßig im positiven Teig verteilt sind und es somit keine ungleich geladenen Bereiche im Atom gibt. Dann hätten die Alphateilchen nur minimal von ihrer ursprünglichen Flugrichtung abgelenkt werden dürfen.
Rutherfords Mitarbeiter Hans Geiger und Ernest Marsden führten die langwierigen Beobachtungen der Blitze durch. Sie mussten die Positionen von Tausenden Blitzen notieren! Wie erwartet konnte der größte Teil der Alphateilchen die Folie nahezu ungehindert durchdringen. Doch ein kleiner Teil wurde stark abgelenkt – und etwa eines von 8000 Alphateilchen wurde sogar ganz von der Goldfolie zurückgeworfen. Das Rosinenkuchen-Modell konnte also nicht stimmen!

Ernest Rutherford
1871–1937

Rutherfords Atommodell

Rutherford deutete die Ergebnisse so: Ein Goldatom besteht aus einem kleinen Atomkern in der Mitte, der die positive Ladung und auch fast die gesamte Atommasse in sich trägt. In den wenigen Fällen, in denen ein Alphateilchen den Kern frontal traf, prallte es zurück. Die positive Ladung des Kerns wird im Atom durch negative Elektronen ausgeglichen, die den Kern umkreisen, sodass das Atom insgesamt elektrisch neutral ist. Natürlich wusste Rutherford, dass sich entgegengesetzte elektrische Ladungen anziehen. Damit die Elektronen also nicht in den Kern hineinstürzen, mussten sie sehr schnell um ihn herumzischen.
Das Rutherford'sche Atommodell erinnert entfernt an das Sonnensystem, in dem die Planeten die Sonne umkreisen und so verhindern, dass sie durch die Schwerkraft in die Sonne stürzen. Doch es hatte einen gewaltigen Fehler: Die Elektronen müssten auf ihrer Kreisbahn laufend Energie abstrahlen. Das jedenfalls forderten die bekannten physikalischen Gesetze. In Sekundenbruchteilen würde das Elektron also doch in den Kern stürzen. Das Rutherford'sche Atommodell konnte also auch nicht richtig sein. Außerdem musste dringend geklärt werden, woraus der Atomkern besteht.

Kernbausteine – Protonen und Neutronen

Ernest Rutherford hatte den Atomkern entdeckt und wollte nun wissen, woraus dieser besteht. Wieder benutzte er die positiv geladenen Alphateilchen: 1919 beschoss er damit Stickstoffgas und konnte nachweisen, dass sich ein Teil der Stickstoffatome in Sauerstoffatome umwandelte. Dabei wurde ein positiv geladenes Teilchen abgegeben, das aus dem Atomkern stammen musste. Rutherford hatte das Proton entdeckt.

Ist da noch was?

Atomkerne enthalten also positiv geladene Protonen. Diese aber müssten sich aufgrund ihrer gleichen Ladung gegenseitig abstoßen und der Kern würde auseinanderfallen. Wieso passiert das nicht? Rutherford vermutete, dass es einen weiteren Kernbaustein geben muss, der elektrisch neutral ist und in etwa die Masse eines Protons hat.
Einige Jahre später beschossen mehrere Forscher verschiedene Elemente mit Alphateilchen. Dabei wurden jedoch nicht Protonen wie bei der Umwandlung von Stickstoff in Sauerstoff freigesetzt, sondern eine sehr durchdringende Strahlung. Sie trug keine elektrische Ladung. Man ging zunächst von der bereits bekannten Gammastrahlung aus. Aber das war ein Irrtum!
1932 gelang dem Engländer James Chadwick das entscheidende Experiment. Er bestrahlte das Element Beryllium mit Alphateilchen und konnte elektrisch neutrale Teilchen nachweisen, die in etwa die Masse von Protonen haben. Er deutete sie korrekterweise als die von Rutherford vermuteten neutralen Kernbausteine – Chadwick hatte das Neutron als zweiten Kernbaustein entdeckt!

Unglaublich!

Der Atomkern ist winzig und beträgt grob ein Hunderttausendstel des Atomdurchmessers. Dennoch ist fast die ganze Atommasse darin konzentriert! Zum Vergleich: Könnte man die Atome der großen Cheops-Pyramide in Ägypten bis auf die Atomkerne zusammenquetschen, wäre die Pyramide nur noch so groß wie ein Pfefferkorn.

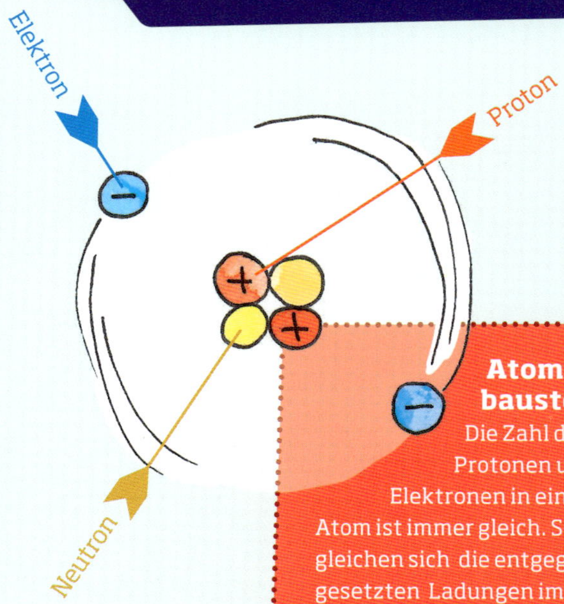

Atombausteine

Die Zahl der Protonen und Elektronen in einem Atom ist immer gleich. So gleichen sich die entgegengesetzten Ladungen im Atom aus. Die Zahl der Neutronen ist davon unabhängig.

Schon gewusst?

Ernest Rutherford hat die Radioaktivität erforscht, den Atomkern entdeckt und das Proton. Somit hat er wesentlich zum Verständnis des Atomaufbaus beigetragen.

Wie viel wiegt ein Atom?

Ein einzelnes Wasserstoffatom (^{1}H) wiegt $1{,}6735 \cdot 10^{-24}$ Gramm. Mit solch winzig kleinen Zahlen zu rechnen, ist sehr unpraktisch. Stattdessen wird die sogenannte relative Atommasse verwendet – sie bezieht sich auf das Kohlenstoffatom ^{12}C. Dessen Atomkern besteht aus zwölf Kernbausteinen, also sechs Protonen plus sechs Neutronen. Man hat sich darauf geeinigt, ein Zwölftel dieses ^{12}C-Atoms als atomare Masseneinheit (u) zu verwenden. Das sind $1{,}66054 \cdot 10^{-24}$ Gramm. In dieser Einheit hat das Wasserstoffatom ^{1}H die Masse von 1,0078 u und das Sauerstoffatom ^{16}O die Masse 15,9994 u. Da die meisten in der Natur vorkommenden Elemente Gemische aus mehreren Isotopen sind, ergeben sich manchmal sehr krumme Zahlen. Wir finden die Atommasse für jedes Element im Periodensystem.

Am gleichen Platz

Neutronen und Protonen bilden also gemeinsam den Atomkern. Die Atome eines Elements können jedoch eine unterschiedliche Anzahl von Neutronen im Kern haben. Und weil Neutronen wesentlich zur Atommasse beitragen – vereinfacht gesagt ist das das Gewicht eines Atoms –, unterscheiden sich die Atome eines Elements dann auch in ihrer Masse. Man nennt die verschiedenen Atomsorten eines Elements Isotope. Isotop bedeutet »gleicher Platz«, gemeint ist der gleiche Platz im Periodensystem. Die Isotope eines Elements haben nahezu die gleichen chemischen Eigenschaften.

Wasserstoff und Co

Sehen wir uns das an einem Beispiel an: Das Atom mit dem einfachsten Aufbau ist das Wasserstoffatom. Die meisten Wasserstoffatome haben einen Atomkern, der aus nur einem einzigen Proton besteht. Man nennt dieses Wasserstoffisotop manchmal auch Protium. Gibt man zum Proton ein Neutron hinzu, ergibt das den Kern des schweren Wasserstoffs, auch Deuterium genannt. Ein Proton und zwei Neutronen ergeben das Isotop Tritium. Alle drei sind jedoch Atome ein und desselben Elements – Wasserstoff!

Die Isotope des Wasserstoffs bilden mit ihren Namen allerdings eine Ausnahme. Bei allen anderen Elementen setzt man einfach die Kernmasse hinter den Elementnamen oder das Elementsymbol, um das Isotop zu bezeichnen. Mit Kernmasse ist die Anzahl der Kernbausteine gemeint, also die Summe der Protonen und Neutronen im Kern des Atoms. Ein radioaktives Kohlenstoffisotop heißt zum Beispiel Kohlenstoff-14 oder kurz C-14. Sein Atomkern besteht aus sechs Protonen und acht Neutronen. Chemiker setzen die Atommasse auch als kleine Hochzahl vor das Elementsymbol, also in diesem Fall ^{14}C.

Wasserstoff – leicht, mittel, schwer

Natürlich vorkommender Wasserstoff besteht hauptsächlich aus Protium **(1)** und einem geringen Anteil Deuterium **(2)**. Diese beiden Isotope sind stabil, während das in winzigen Mengen vorkommende Tritium **(3)** radioaktiv ist und mit einer Halbwertszeit von etwa zwölf Jahren zerfällt.

Das Bohr'sche Atommodell

Der deutsche Physiker Max Planck hatte bereits im Jahr 1900 entdeckt, dass Energie im Mikrokosmos – also in der Welt der Atome – gequantelt ist. Quanten, das sind winzig kleine Energiepakete. Diese Erkenntnis war der Startschuss zur Quantenphysik und zu einer völlig neuen Sichtweise von Materie und Licht. 1905 konnte Albert Einstein damit erklären, dass nur Lichtquanten mit genügend hoher Energie Elektronen aus Metallen herausschlagen können. Energiereiches UV-Licht führt zu diesem sogenannten Fotoeffekt, während energieärmeres rotes Licht keine Elektronen aus einem Metall freisetzen kann. Das war auch für die Chemie eine überaus nützliche Erkenntnis.

Wer nicht wagt, der nicht gewinnt

Der dänische Physiker Niels Bohr verband 1913 die alte Vorstellung von Rutherford, in der ein Atom einem Planetensystem ähnelt, mit der Vorstellung von Energiepaketen zu einem neuartigen Modell. Das war gewagt, denn Bohr hatte gar keine wirklich gute Begründung dafür. Er behauptete einfach, dass sich Elektronen nicht auf beliebigen Bahnen im Atom aufhalten können. Stattdessen schrieb er ihnen Bahnen oder Schalen zu – und damit eine ganz bestimmte Energie. In den Zwischenräumen, also zwischen den Schalen, haben die Elektronen einfach nichts zu suchen!

Das Schalenmodell

Bohr betrachtete dazu das einfachste Atom im Periodensystem, das Wasserstoffatom. Dieses besteht aus einem positiv geladenen Proton als Atomkern und einem negativ geladenen Elektron. Die Neutronen spielen hier keine Rolle. Das Elektron kann sich in einer von mehreren möglichen Schalen befinden, die um den Kern herum angeordnet sind. Die Schalen unterscheiden sich durch ihren Abstand vom Kern. Je nachdem, in welcher Schale es sich befindet, hat das Elektron eine andere Energie.

Niels Bohr ist Mitbegründer der Quantenphysik und prägte zudem die Vorstellung, die wir heute vom Aufbau der Atome haben.

Atommodell nach Bohr
Das einzige Elektron des Wasserstoffatoms befindet sich in der K-Schale. Die übrigen Schalen sind leer. Durch ein geeignetes Lichtquant oder Photon kann man das Elektron nun auf eine Schale mit höherer Energie anheben. Springt es zurück, gibt es wieder ein Lichtquant ab. Dessen Energie entspricht exakt dem Energieunterschied zwischen den beiden Schalen.

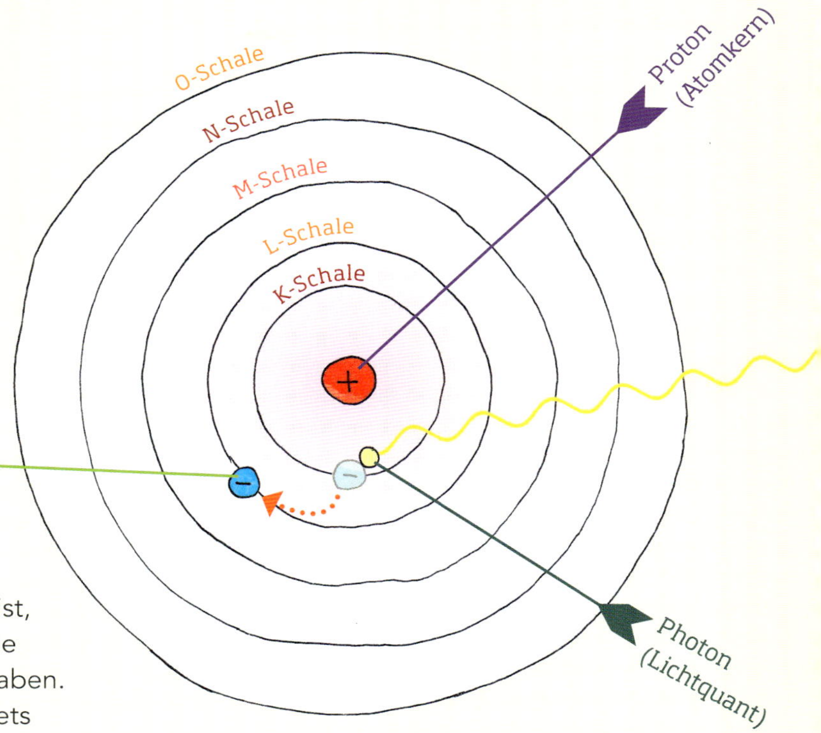

Je weiter entfernt die Schale vom Kern ist, desto mehr Energie hat das Elektron. Die Schalen benannte Bohr mit Großbuchstaben. Weil die ersten Buchstaben des Alphabets bereits anderweitig benutzt wurden, begann er mit K. So heißen die Schalen eines Atoms von innen nach außen: K-Schale, L-Schale, M-Schale und so weiter.

Springende Elektronen

Nehmen wir an, das Elektron befindet sich auf der K-Schale. Es kann auf die energiereichere L-Schale springen – aber nur, wenn es von außen Energie in Form eines Lichtquants (Photons) erhält. Mit einem noch energiereicheren Photon schafft es das Elektron auch bis zur M-Schale. Umgekehrt strahlt das Atom Photonen ab, wenn das Elektron wieder von einer höheren auf eine niedrigere Schale zurückfällt. Der Energieunterschied der Schalen entspricht genau der Energie und damit dem Licht des ausgesendeten Photons.

Der Anfang war gemacht

Für Bohrs Atommodell gab es 1922 den Nobelpreis. Allerdings konnte Bohr nicht herleiten, warum es überhaupt Schalen in Atomen gibt und wieso der Raum dazwischen eine verbotene Zone für die Elektronen ist. Zudem galt sein Modell nur für das Wasserstoffatom. Alle anderen Atome im Periodensystem ließen sich damit nicht beschreiben. Aber Bohr hatte den Grundstein für genauere Atommodelle gelegt!

So sieht das Linienspektrum von Wasserstoff aus. Wir erhalten es, wenn wir das ausgesendete Licht des Elements mit einem Glasprima in seine Farben zerlegen. Niels Bohr konnte mit seinem Schalenmodell jede dieser Linien erklären. Sie entsprechen den ausgesendeten Photonen, wenn Elektronen von einer energiereichen auf eine energieärmere Schale springen.

Schalenmodell und Periodensystem

Wir können die Idee von den Elektronenschalen benutzen, um damit auch den Aufbau aller anderen Atome im Periodensystem zu erklären. Zur Erinnerung: Ein Atom besteht aus einem Atomkern mit einer ganz bestimmten Anzahl von Protonen – hinzu kommen Neutronen, deren Anzahl aber für die chemischen Eigenschaften unwichtig ist. Die positive Ladung der Protonen wird durch gleich viele Elektronen in den Schalen ausgeglichen, sodass das Atom insgesamt elektrisch neutral ist. Wichtig ist: Jede Schale kann nur eine ganz bestimmte Anzahl von Elektronen aufnehmen. In die unterste K-Schale passen zum Beispiel maximal zwei Elektronen, die L-Schale kann acht Elektronen aufnehmen.

Kleine und große Atome

Um nun die Atome jedes einzelnen Elements des Periodensystems zusammenzubauen, müssen wir einfach nur der Reihe nach die Schalen von innen nach außen befüllen. Beim Wasserstoffatom sind die Verhältnisse ganz einfach: Es besteht aus einem Proton, dessen positive Ladung durch ein einziges Elektron ausgeglichen wird, und das kommt in die K-Schale. Fertig! Weiter geht's mit Helium, das zwei Protonen im Kern und damit auch zwei Elektronen hat – sie passen ebenfalls in die K-Schale. Lithium hat drei Protonen im Kern – also brauchen wir auch drei Elektronen und damit eine Schale mehr. In der K-Schale finden wir bei Helium zwei, in der L-Schale ein einzelnes Elektron. Springen wir zum Sauerstoff, dessen Kern acht Protonen enthält. Also benötigen wir auch acht Elektronen: Zwei besetzen die K-Schale, bleiben noch sechs Elektronen für die L-Schale. Je mehr Schalen von Elektronen besetzt sind, desto größer ist das Atom. Das erklärt, warum Sauerstoffatome größer sind als Wasserstoffatome.

Äußere Schale

Die inneren Schalen, die vollständig mit Elektronen besetzt sind, interessieren uns nicht besonders. Die äußerste Schale eines Atoms allerdings bestimmt das chemische Verhalten eines Elements! Man nennt diese Schale auch Valenzschale und die darin enthaltenen Elektronen Valenzelektronen. Die Anzahl der Valenzelektronen ist wichtig für das chemische Verhalten. Fluor, Chlor und Brom haben zum Beispiel sieben Valenzelektronen – und wie wir bereits wissen, sind sie sich chemisch ähnlich und werden als Halogene bezeichnet.

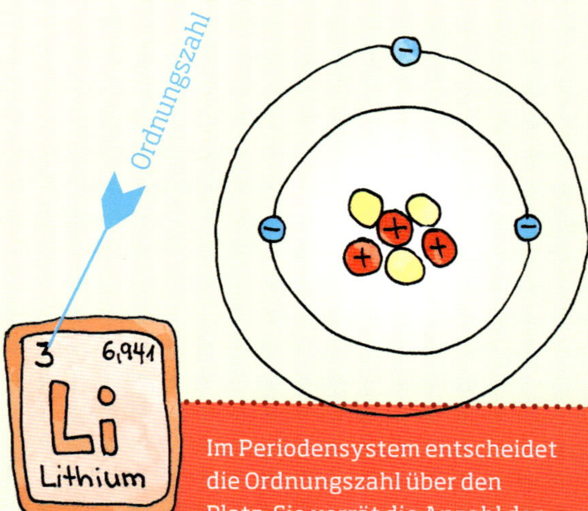

Im Periodensystem entscheidet die Ordnungszahl über den Platz. Sie verrät die Anzahl der Protonen und damit auch die der Elektronen im Atom.

	Gruppe I	Gruppe II	Gruppe III	Gruppe IV	Gruppe V	Gruppe VI	Gruppe VII	Gruppe VIII
1. Periode	H 1							He 2
2. Periode	Li 3	Be 4	B 5	C 6	N 7	O 8	F 9	Ne 10
3. Periode	Na 11	Mg 12	Al 13	Si 14	P 15	S 16	Cl 17	Ar 18

Volle Schalen sind gute Schalen

Voll besetzte Valenzschalen sind besonders stabil. Elemente mit vollen Valenzschalen sind daher weniger reaktionsfreudig und seltener Teil chemischer Verbindungen. Das gilt beispielsweise für Helium mit seinen zwei Elektronen in der äußersten K-Schale, ebenso für Neon mit acht Elektronen in der L-Schale. Beide diese Elemente gehören zu den Edelgasen. Sie gehen so gut wie keine Verbindungen mit anderen Elementen ein.

Grenzen des Modells

Das Schalenmodell kann einige Dinge wie zum Beispiel das Reaktionsverhalten gut erklären, insbesondere für die Hauptgruppenelemente – das sind die Gruppen mit den Nummern 1 und 2 sowie 13 bis 18 im Periodensystem. Leider erklärt es aber nicht, warum die K-Schale nur zwei, die L-Schale aber acht Elektronen aufnehmen kann und wie Atome in Molekülen angeordnet sind. Zur Erinnerung: In Molekülen finden sich zwei oder mehrere Atome zusammen.

Deshalb sieht das Periodensystem so aus!

Das eigentliche Ordnungsprinzip im Periodensystem ist nicht die Atommasse, sondern die Zahl der Protonen im Atomkern. Sie entspricht der Zahl der Elektronen in den Schalen. Die Elemente sind nach steigender Protonenzahl angeordnet. Man spricht von der Ordnungszahl: Wasserstoff hat die Ordnungszahl 1, Helium 2, Lithium 3 und so weiter.

Bitte Gruppen bilden!

Die Elemente werden so im Periodensystem angeordnet, dass Elemente mit der gleichen Anzahl von Valenzelektronen untereinander zu stehen kommen und Gruppen bilden. Die Mitglieder einer Gruppe haben ähnliche chemische Eigenschaften. Wenn du nach hinten zum großen Periodensystem blätterst, siehst du, dass es 18 solcher Gruppen gibt.

Das Orbitalmodell

In einfachen, aber trickreichen Experimenten stellte sich heraus, dass sich sowohl Licht als auch Elektronen mal wie Teilchen, dann wieder wie Wellen verhalten. Daraus schlussfolgerte man, dass man sich ein Elektron im Atom besser nicht als Teilchen vorstellt, sondern als dreidimensionale Materiewelle.

Welle oder Teilchen?

Teilchen und Wellen sind komplett verschieden. Einem Teilchen kann man zum Beispiel immer einen konkreten Ort zuweisen. Nehmen wir zwei Äpfel – sie können nicht gleichzeitig an ein und demselben Ort sein. Deswegen können sie sich auch nicht überlagern. Wellen hingegen tun genau das: Wir kennen das von Wasserwellen. Wenn wir zwei Steinchen in einen See werfen, so breiten sich jeweils kreisförmig Wellen aus. Wo diese aufeinandertreffen, können sich zum Beispiel zwei Wellenberge verstärken.

In unserer Alltagswelt gibt es nur das eine oder das andere, Welle oder Teilchen. Jetzt kommt's aber: Ein Elektron ist weder ein Teilchen noch eine Welle. Es ist etwas völlig anderes – etwas, wofür uns leider eine konkrete Vorstellung fehlt. Mit dem Gedanken von Wellen und Teilchen können wir uns dem Ganzen aber noch am ehesten annähern. Übrigens: In der Welt der Atome und Elektronen gelten häufig Regeln, die schwer greifbar für uns sind, weil uns der Vergleich aus der Alltagswelt fehlt.

Mit der Gleichung von Schrödinger kann man berechnen, wo sich Elektronen im Atom aufhalten.

Schrödingers Gleichung

Der österreichische Physiker Erwin Schrödinger entwickelte eine mathematische Theorie, mit der er den Zustand eines Elektrons als sogenannte Wellenfunktion beschrieb. Vielleicht hast du schon einmal von der Schrödinger-Gleichung gehört. Zugegeben, sie ist nicht ganz einfach zu lösen. Wie das geht, überspringen wir hier einfach. Aber du sollst eine ungefähre Idee davon bekommen, welchen Nutzen Chemikerinnen und Chemiker daraus ziehen.

Kuddelmuddel!

In einem Atom mit mehreren Elektronen liegen die verschiedenen Orbitale übereinander – da kann man leicht die Übersicht verlieren. Die Orbitale lassen sich auch kaum noch vernünftig zeichnen und werden daher mit anderen Methoden dargestellt.

Orbitale

Mithilfe der Schrödinger-Gleichung kann man Aussagen machen, mit welcher Wahrscheinlichkeit sich die Elektronen eines Atoms an einem bestimmten Ort aufhalten. Dabei kann sich ein Elektron auch am anderen Ende des Universums aufhalten, wenn auch nur mit einer verschwindend kleinen Wahrscheinlichkeit. Verrückt! Tatsächlich ist die Wahrscheinlichkeit, es in unmittelbarer Nähe des Atomkerns vorzufinden, sehr viel höher. Der dreidimensionale Raum, in dem sich ein Elektron mit großer Wahrscheinlichkeit aufhält, wird Orbital genannt. Wenn man das grafisch darstellen will, ergibt sich eine Art Wolke rund um den Atomkern. Dort findet man die Elektronen des Atoms mit einer Wahrscheinlichkeit von 90 Prozent vor. Das Spannende an den Orbitalen ist, dass es verschiedene Orbitaltypen gibt und damit unterschiedliche Arten, wo sich Elektronen im Raum aufhalten. Unten siehst du Beispiele für die vier grundsätzlichen Orbitalformen, die wir für unser Periodensystem benötigen.

Keine Panik!

Wahrscheinlich denkst du jetzt: »Puh! Sieht ja aus wie ein verknoteter Luftballon. Und wofür soll das gut sein?« Aber wir sind gleich durch. Die Atomorbitale werden wir benutzen, um Elektronen zu verteilen – nur so können wir den Bau der Atome und damit das Periodensystem wirklich erklären. Das Modell ist einfach genauer und eine Weiterentwicklung von Bohrs Schalenmodell, auch wenn seine grundsätzlichen Ideen weiterhin nützlich für uns sind.
Wichtig ist: Jedes Orbital hat eine bestimmte Energie, wie auch bei Bohr jede Schale eine ganz bestimmte Energie hatte. Und dann gibt es noch recht einfache Regeln dafür, wie man die Elektronen verteilt. Los geht's!

Wie Orbitale aussehen

Das s-Orbital ist kugelförmig, das p-Orbital ist hantelförmig. Die meisten möglichen d-Orbitale haben die Form einer gekreuzten Doppelhantel. Die f-Orbitale sind noch komplexer aufgebaut.
Neben den Formen der Orbitale ist noch wichtig, wie sie im Raum orientiert sind. Von den hantelförmigen Orbitalen gibt es zum Beispiel drei verschiedene, die entlang der drei Raumrichtungen Höhe, Breite und Tiefe ausgerichtet sind.
Übrigens: Der Atomkern, der nicht extra dargestellt ist, befindet sich immer im Zentrum der Orbitale.

3s

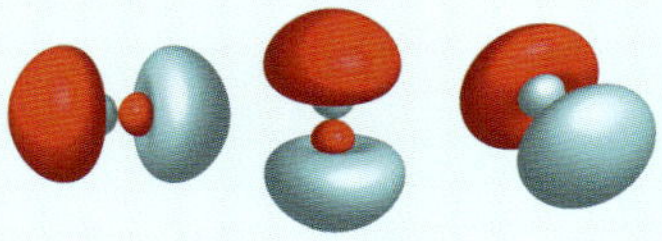
3p

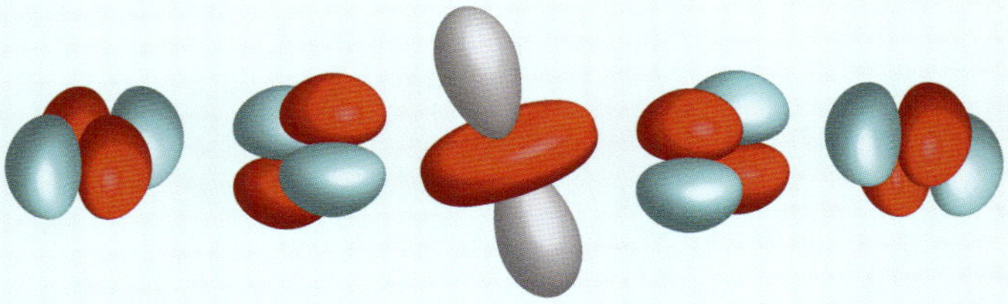
3d

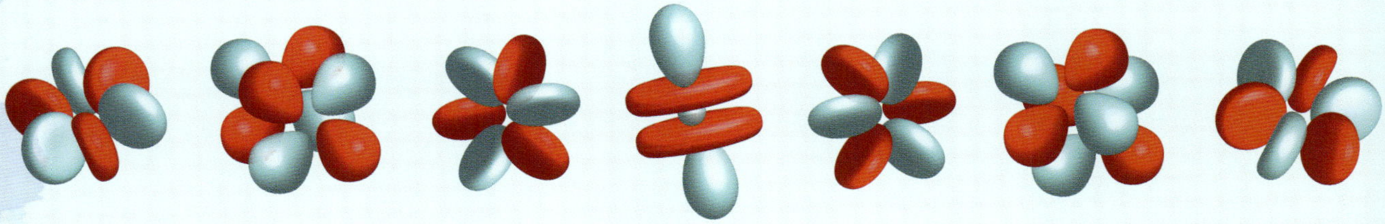
4f

Orbitale mit Elektronen auffüllen

Jetzt, da wir die Formen der Orbitale kennen, können wir sie mit Elektronen befüllen und Atome basteln. So erhalten wir jedes einzelne Element des Periodensystems. Die Art und Weise, wie die Elektronen auf die Orbitale verteilt sind, nennt man in der Chemie übrigens Elektronenkonfiguration. Dabei sind ein paar Regeln zu beachten.
Damit wir die kompliziert geformten Orbitale nicht zeichnen müssen, gibt es eine einfache Schreibweise: Wir nehmen für jedes Orbital ein quadratisches Kästchen. Die Orbitalkästchen lassen sich nach steigender Energie in einem Diagramm ordnen, das du rechts siehst.

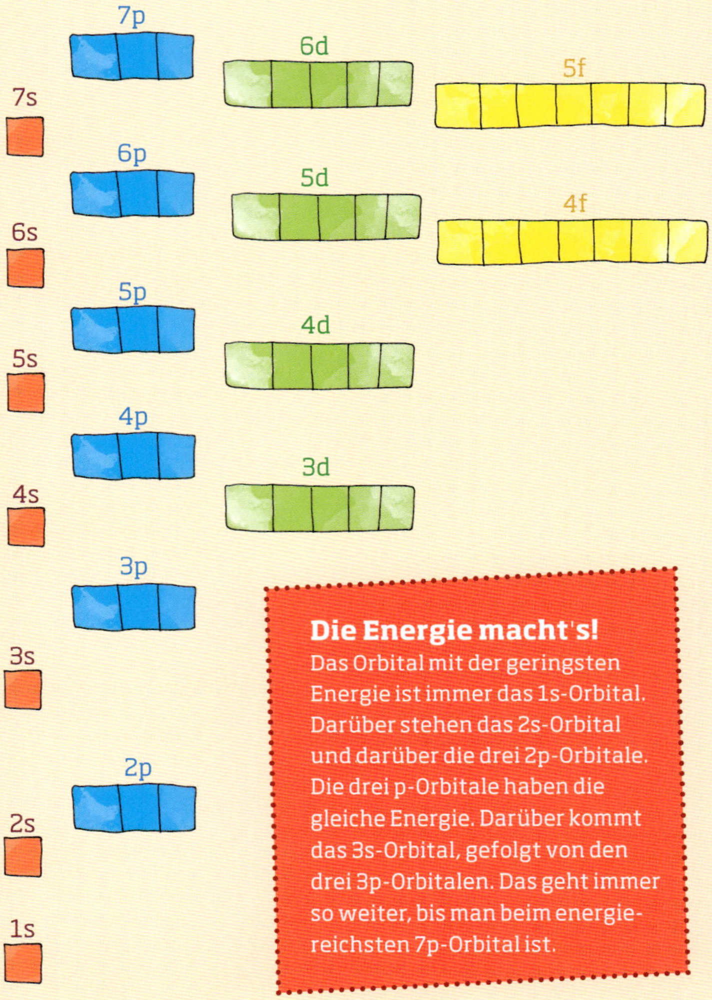

Der Energie nach

Elektronen besetzen immer zunächst die Orbitale mit der niedrigsten Energie. Erst wenn das energieärmste Orbital des Atoms voll besetzt ist, geht es mit dem mit der nächsthöheren Energie weiter. Aus dem Kästchendiagramm lässt sich daher die Reihenfolge ableiten, in der die Orbitale mit Elektronen befüllt werden.

Die Energie macht's!
Das Orbital mit der geringsten Energie ist immer das 1s-Orbital. Darüber stehen das 2s-Orbital und darüber die drei 2p-Orbitale. Die drei p-Orbitale haben die gleiche Energie. Darüber kommt das 3s-Orbital, gefolgt von den drei 3p-Orbitalen. Das geht immer so weiter, bis man beim energiereichsten 7p-Orbital ist.

Drei sind eins zu viel

Wichtig ist außerdem das Pauli-Prinzip, das nach dem Physiker Wolfgang Pauli benannt ist. Es besagt, dass in jedem Orbital maximal zwei Elektronen sein dürfen. Mehr geht einfach nicht! Das erste Elektron schreibt man als Pfeil, der nach oben zeigt, in das Kästchen. Das zweite Elektron wird als Pfeil dargestellt, der nach unten zeigt. Das hat mit einer quantenmechanischen Eigenschaft des Elektrons zu tun, dem sogenannten Spin – aber der muss uns nicht weiter interessieren. Stark vereinfacht kannst du dir den Spin als Drehung des Elektrons im oder gegen den Uhrzeigersinn vorstellen.

Schreiben wir das mal auf ...

Will man die Elektronenkonfiguration eines Atoms aufschreiben, nutzt man am besten eine noch stärker vereinfachte Schreibweise: den Namen des jeweiligen Orbitals mit einer kleinen hochgestellten 1 oder 2 für die Anzahl der darin enthaltenen Elektronen. Orbitale ohne Elektronen lässt man einfach weg. Wasserstoff hat nur ein Elektron und damit die Elektronenkonfiguration $1s^1$, Helium hat zwei Elektronen – deshalb schreiben wir $1s^2$. Nehmen wir uns ein Atom mit drei Elektronen vor, das Lithium-Atom. Das 1s-Orbital ist bereits mit zwei Elektronen voll; ein drittes Elektron darf nicht hinzugefügt werden. Also gehen wir ins energetisch nächste Orbital, das 2s-Orbital. Dort kommt das dritte Elektron hinein. Nach dem Pauli-Prinzip ist noch Platz für ein zweites Elektron – fügen wir es hinzu, ist das 2s-Orbital komplett und wir haben ein Beryllium-Atom gebaut. In der Kurzschreibweise ist Beryllium $1s^2 2s^2$.

Weiter geht's!

Welches Orbital kommt nun an die Reihe? Im Energieschema folgen die 2p-Orbitale – und davon gibt es gleich drei Stück. Hier wird eine weitere Regel wichtig, die nach dem deutschen Physiker Friedrich Hund benannt ist. Die Hund'sche Regel besagt: zunächst gleichenergetische Orbitale gleichmäßig befüllen. So sind die elektrisch gleich geladenen Elektronen möglichst weit voneinander entfernt. Für uns heißt das, wir stecken in jedes der drei 2p-Orbitale erst mal nur ein Elektron. Erst dann füllen wir weiter auf. So geht das weiter, bis alle drei 2p-Orbitale doppelt besetzt sind. Für Kohlenstoff mit sechs Elektronen lautet die vereinfachte Schreibweise dann $1s^2 2s^2 2p^2$ und für Neon mit seinen zehn Elektronen $1s^2 2s^2 2p^6$.

Keine Bange!

Wenn man das alles zum ersten Mal hört, ist es sehr gewöhnungsbedürftig. Das liegt vor allem daran, dass das Basteln von Atomen mit Quantenphysik zu tun hat. Vielleicht hast du das Prinzip aber auch sofort durchschaut und bist ein echter Orbital-Profi!

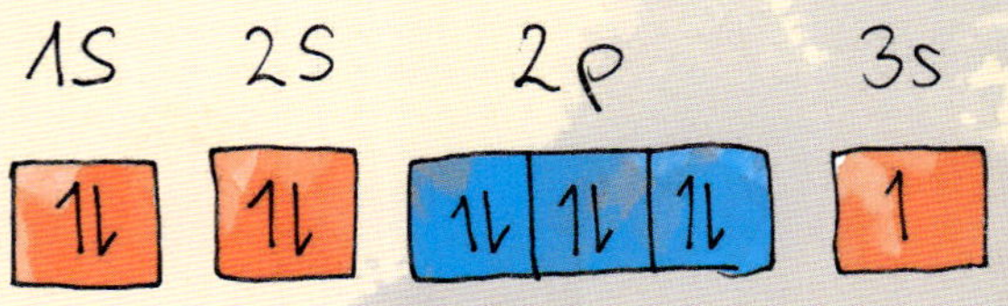

Wo die Elektronen sind

Das Periodensystem verrät uns, dass ein Natriumatom elf Elektronen hat. Zwei sitzen im 1s-Orbital, zwei im 2s-Orbital und sechs weitere Elektronen sind auf die drei 2p-Orbitale verteilt. Das letzte Elektron kommt ins 3s-Orbital. Man kann die Elektronen in Kästchen schreiben oder einfach als Formel.

$$1s^2 2s^2 2p^6 3s^1$$

Kurz und knapp

Hier das Wichtigste noch einmal in drei Regeln zusammengefasst:

- **Regel 1: Energie**
  Orbitale mit niedrigem Energieniveau werden zuerst aufgefüllt. Es beginnt mit dem 1s-Orbital, dann kommt das 2s-Orbital. Das Energieschema zeigt, wie es weitergeht.
- **Regel 2: Pauli**
  Das Pauli-Prinzip besagt, dass in jedem Orbital maximal zwei Elektronen Platz finden.
- **Regel 3: Hund**
  Es gilt die Hund'sche Regel. Orbitale mit demselben Energieniveau werden zunächst jeweils mit nur einem Elektron besetzt.

Das PSE – ein nützliches Werkzeug

Dmitri Mendelejew und Lothar Meyer haben das Periodensystem aufgrund der Elementeigenschaften erstellt – und das, ohne den Bau der Atome zu kennen. Mehr als 150 Jahre später bewährt sich das Periodensystem der Elemente – kurz PSE – noch immer in der Chemie. Sehen wir uns an, was es alles kann.

Alles eine Sache der Elektronen

Zur Erinnerung: Obwohl die Väter des Periodensystems es nicht wussten, liegt der Tabelle der Bau der Atome zugrunde. Jedes Element verdankt seine Stellung im Periodensystem seiner Elektronenkonfiguration, also der Anordnung der Elektronen im Atom. Insbesondere die äußeren Valenzelektronen sind für die chemischen Eigenschaften verantwortlich. Kennen wir also die Elektronenkonfiguration, so können wir auch Vorhersagen über Elementeigenschaften machen – und darüber, welche chemischen Bindungen die Elemente miteinander eingehen.

Bindungsarten

Denn bei chemischen Reaktionen dreht sich alles um Elektronen und ihre Aufteilung auf verschiedene Atome. Manche Elemente trennen sich nur allzu gerne von einem Teil ihrer Elektronen, etwa Natrium. Andere Elemente wie Chlor nehmen Elektronen mit großer Bereitschaft auf. Manche Atome teilen sich auch Elektronenpaare – sie gehen dann eine Atombindung ein und sind von da an fast unzertrennlich.

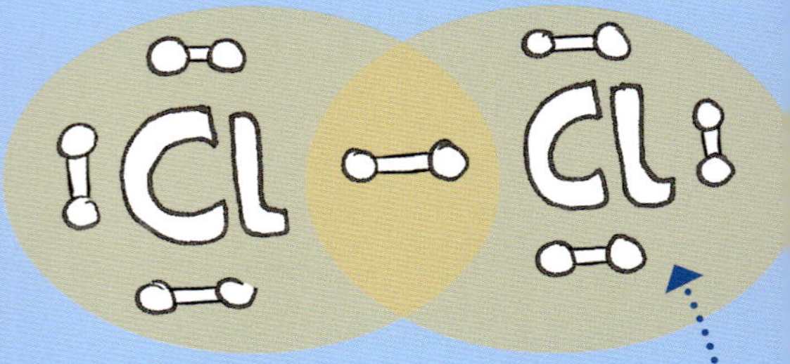

Gemeinsam stark
Das Teilen von Elektronen verbindet. Diese beiden Chloratome gehen eine chemische Bindung ein und werden so zum Chlormolekül Cl_2.

Abstoßend
So sieht das Methanmolekül CH_4 aus. Aber woher wissen wir überhaupt, wie die Atome in einem Molekül angeordnet sind? Das hat viel mit den Elektronen zu tun, die sich wegen ihrer gleichen elektrischen Ladung abstoßen.

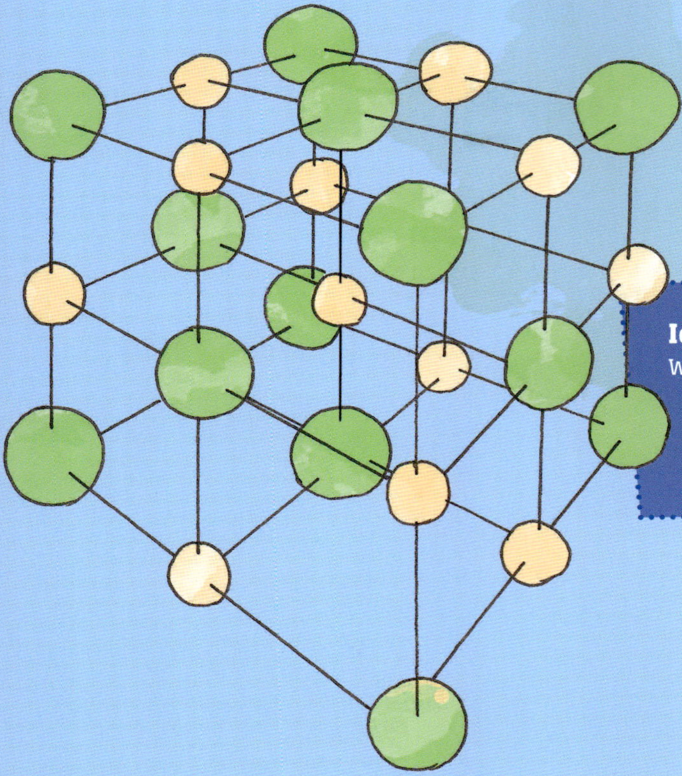

Ionenbindung
Wie werden aus Atomen Ionen und was ist das für ein seltsames Gitter? So viel sei verraten: Du findest es in jedem Salzstreuer!

Stärker sein!
Wenn sich zwei Atome ein Elektronenpaar teilen, geht es nicht immer ganz gerecht zu – wer hat die Kraft, die Elektronen näher zu sich zu ziehen?

H_2O

Wasser ist besonders!
Warum ist Eis leichter als flüssiges Wasser und was haben Eisbären davon? Wieso gehen Wasserläufer nicht unter? Das hat mit dem Bau der Wassermoleküle zu tun.

Wo steht was?

Entsprechend ihrer Elektronenkonfiguration lassen sich die Elemente in Gruppen einteilen. Vielleicht erinnerst du dich noch: Elemente mit ähnlichen Eigenschaften stehen im Periodensystem untereinander. Die Gruppen beziehen sich daher auf die Spalten der Tabelle, man liest sie von oben nach unten.
Manchmal findet man außerdem eine Einteilung der Elemente in Blöcke. Dabei zählt, in welchen Orbitaltyp das zuletzt hinzugefügte Elektron kam.

1 Hauptgruppenelemente

Das sind die Elemente der Gruppen 1 und 2 sowie 13 bis 18. In älteren Darstellungen des Periodensystems werden diese Gruppen auch mit den römischen Ziffern I, II, III bis VIII bezeichnet. Die Hauptgruppenelemente können Metalle sein oder Nichtmetalle – die einen leiten also elektrischen Strom, die anderen nicht. Einige sind auch Halbmetalle. Die verschiedenen Hauptgruppenelemente liegen als Gase, Flüssigkeiten und Feststoffe vor. Sie können sich also in ihren physikalischen und chemischen Eigenschaften deutlich unterscheiden.

s-Block d-Block p-Block f-Block

	1	2	3		4	5	6	7	8	9	10	11	12	13	14	15	16	17	18
1	1 H Wasserstoff 1,0079 1																		2 He Helium 4,0026 2
2	3 Li Lithium 6,9675 2/1	4 Be Beryllium 9,01218 2/2												5 B Bor 10,8135 2/3	6 C Kohlenstoff 12,0106 2/4	7 N Stickstoff 14,0069 2/5	8 O Sauerstoff 15,9994 2/6	9 F Fluor 18,9984 2/7	10 Ne Neon 20,1797(6) 2/8
3	11 Na Natrium 22,9898 2/8/1	12 Mg Magnesium 24,3055 2/8/2												13 Al Aluminium 26,9815 2/8/3	14 Si Silizium 28,085 2/8/4	15 P Phosphor 30,9738 2/8/5	16 S Schwefel 32,0675 2/8/6	17 Cl Chlor 35,4515 2/8/7	18 Ar Argon 39,948(1) 2/8/8
4	19 K Kalium 39,0983(1) 2/8/8/1	20 Ca Calcium 40,078(4) 2/8/8/2	21 Sc Scandium 44,9559 2/8/9/2		22 Ti Titan 47,867(1) 2/8/10/2	23 V Vanadium 50,9415(1) 2/8/11/2	24 Cr Chrom 51,9961(6) 2/8/13/1	25 Mn Mangan 54,9380 2/8/13/2	26 Fe Eisen 55,845(2) 2/8/14/2	27 Co Cobalt 58,9332 2/8/15/2	28 Ni Nickel 58,6934(4) 2/8/16/2	29 Cu Kupfer 63,546(3) 2/8/18/1	30 Zn Zink 65,38(2) 2/8/18/2	31 Ga Gallium 69,723(1) 2/8/18/3	32 Ge Germanium 72,630(8) 2/8/18/4	33 As Arsen 74,9216 2/8/18/5	34 Se Selen 78,971(8) 2/8/18/6	35 Br Brom 79,904 2/8/18/7	36 Kr Krypton 83,798(2) 2/8/18/8
5	37 Rb Rubidium 85,4678(3) 2/8/18/8/1	38 Sr Strontium 87,62(1) 2/8/18/8/2	39 Y Yttrium 88,9058 2/8/18/9/2		40 Zr Zirconium 91,224(2) 2/8/18/10/2	41 Nb Niob 92,9064 2/8/18/12/1	42 Mo Molybdän 95,95(1) 2/8/18/13/1	43 Tc Technetium (97; 98) 2/8/18/13/2	44 Ru Ruthenium 101,07(2) 2/8/18/15/1	45 Rh Rhodium 102,9055 2/8/18/16/1	46 Pd Palladium 106,42(1) 2/8/18/18	47 Ag Silber 107,8682(2) 2/8/18/18/1	48 Cd Cadmium 112,414(4) 2/8/18/18/2	49 In Indium 114,818(1) 2/8/18/18/3	50 Sn Zinn 118,710(7) 2/8/18/18/4	51 Sb Antimon 121,760(1) 2/8/18/18/5	52 Te Tellur 127,60(3) 2/8/18/18/6	53 I Jod 126,90447(3) 2/8/18/18/7	54 Xe Xenon 131,293(6) 2/8/18/18/8
6	55 Cs Caesium 132,9055 2/8/18/18/ 8/1	56 Ba Barium 137,327(7) 2/8/18/18/ 8/2	57 La Lanthan 138,9055 2/8/18/18/ 9/2	58 - 71 siehe unten	72 Hf Hafnium 178,49(2) 2/8/18/32/ 10/2	73 Ta Tantal 180,9479 2/8/18/32/ 11/2	74 W Wolfram 183,84(1) 2/8/18/32/ 12/2	75 Re Rhenium 186,207(1) 2/8/18/32/ 13/2	76 Os Osmium 190,23(3) 2/8/18/32/ 14/2	77 Ir Iridium 192,217(3) 2/8/18/32/ 15/2	78 Pt Platin 195,084(9) 2/8/18/32/ 17/1	79 Au Gold 196,9666 2/8/18/32/ 18/1	80 Hg Quecksilber 200,592(3) 2/8/18/32/ 18/2	81 Tl Thallium 204,3835 2/8/18/32/ 18/3	82 Pb Blei 207,2(1) 2/8/18/32/ 18/4	83 Bi Bismut 208,9804 2/8/18/32/ 18/5	84 Po Polonium 209,98 2/8/18/32/ 18/6	85 At Astat (210) 2/8/18/32/ 18/7	86 Rn Radon (222) 2/8/18/32/ 18/8
7	87 Fr Francium (223) 2/8/18/32/ 18/8/1	88 Ra Radium (226) 2/8/18/32/ 18/8/2	89 Ac Actinium (227) 2/8/18/32/ 18/9/2	90 - 103 siehe unten	104 Rf Rutherfordium (267) 2/8/18/32/ 32/10/2	105 Db Dubnium (268; 270) 2/8/18/32/ 32/11/2	106 Sg Seaborgium (269; 271) 2/8/18/32/ 32/12/2	107 Bh Bohrium (270; 274) 2/8/18/32/ 32/13/2	108 Hs Hassium (269; 277) 2/8/18/32/ 32/14/2	109 Mt Meitnerium (276; 278) 2/8/18/32/ 32/15/2	110 Ds Darmstadtium (281) 2/8/18/32/ 32/17/1	111 Rg Roentgenium (281) 2/8/18/32/ 32/18/1	112 Cn Copernicium (285) 2/8/18/32/ 32/18/2	113 Nh Nihonium (286) 2/8/18/32/ 32/18/3	114 Fl Flerovium (289) 2/8/18/32/ 32/18/4	115 Mc Moscovium (288; 289) 2/8/18/32/ 32/18/5	116 Lv Livermorium (293) 2/8/18/32/ 32/18/6	117 Ts Tenness (294) 2/8/18/32/ 32/18/7	118 Og Oganesson (294) 2/8/18/32/ 32/18/8

58 Ce Cer 140,116(1) 2/8/18/19/ 9/2	59 Pr Praseodym 140,9077 2/8/18/21/ 8/2	60 Nd Neodym 144,242(3) 2/8/18/22/ 8/2	61 Pm Promethium (145) 2/8/18/23/ 8/2	62 Sm Samarium 150,36(2) 2/8/18/24/ 8/2	63 Eu Europium 151,964(1) 2/8/18/25/ 8/2	64 Gd Gadolinium 157,25(3) 2/8/18/25/ 9/2	65 Tb Terbium 158,92535(2) 2/8/18/27/ 8/2	66 Dy Dysprosium 162,500(1) 2/8/18/28/ 8/2	67 Ho Holmium 164,9303 2/8/18/29/ 8/2	68 Er Erbium 167,259(3) 2/8/18/30/ 8/2	69 Tm Thulium 168,9342 2/8/18/31/ 8/2	70 Yb Ytterbium 173,045(10) 2/8/18/32/ 8/2	71 Lu Lutetium 174,9668(1) 2/8/18/32/ 9/2
90 Th Thorium 232,0377(4) 2/8/18/32/ 18/10/2	91 Pa Protactinium 231,0359 2/8/18/32/ 20/9/2	92 U Uran 238,0289 2/8/18/32/ 21/9/2	93 Np Neptunium (237) 2/8/18/32/ 22/9/2	94 Pu Plutonium (244) 2/8/18/32/ 24/8/2	95 Am Americium (243) 2/8/18/32/ 25/8/2	96 Cm Curium (247) 2/8/18/32/ 25/9/2	97 Bk Berkelium (247) 2/8/18/32/ 25/10/2	98 Cf Californium (251) 2/8/18/32/ 28/8/2	99 Es Einsteinium (252) 2/8/18/32/ 29/8/2	100 Fm Fermium (257) 2/8/18/32/ 30/8/2	101 Md Mendelevium (258) 2/8/18/32/ 31/8/2	102 No Nobelium (259) 2/8/18/32/ 32/8/2	103 Lr Lawrencium (262) 2/8/18/32/ 32/9/2

2 Übergangsmetalle

Die Übergangsmetalle, auch Nebengruppenelemente genannt, bilden die Gruppen 3 bis 12. Weil bei diesen Elementen zuletzt d-Orbitale aufgefüllt werden, nennt man sie auch die Elemente des d-Blocks. Sie sind Metalle und bei Raumtemperatur fest. Viele chemische Verbindungen, in denen Übergangsmetalle vorkommen, sind farbig. Ein Beispiel ist rotes Eisenoxid, das dir im Alltag als Rost begegnet.

Ganz nobel – die Edelgase 3

Eine Sonderstellung nehmen die Edelgase ein. Sie stehen am Ende jeder Periode und bilden die Hauptgruppe 18. Edelgase reagieren chemisch gar nicht oder nur unter extremen Bedingungen mit anderen Elementen. Alle Edelgase mit Ausnahme von Helium haben acht Elektronen in der äußersten Schale. Diese Konfiguration ist besonders stabil, man nennt sie auch Edelgaskonfiguration. Helium hat zwar nur zwei Elektronen in der Valenzschale – aber damit ist diese vollständig gefüllt und die Konfiguration ebenfalls stabil.

Brom ist eines von zwei flüssigen Elementen im ganzen Periodensystem. Es ist ein Nichtmetall und ein Hauptgruppenelement. Das andere flüssige Element ist das Übergangsmetall Quecksilber.

Vorbild Edelgase – die Oktettregel

Die Übergangsmetalle, Lanthanoide und Actinoide lassen wir nun beiseite und konzentrieren uns auf den nächsten Seiten auf die Hauptgruppenelemente, also die acht Gruppen 1, 2 und 13 bis 18. Die Anzahl der Valenzelektronen steigt von links nach rechts um jeweils eins: Die Alkalimetalle wie Lithium und Natrium ganz links haben ein Valenzelektron, die Edelgase wie Neon und Argon ganz rechts haben acht.

Ein Atom strebt in der Regel nach acht Elektronen in der Valenzschale. Das ist ein energetisch besonders günstiger Zustand. Man nennt das die Oktettregel. Die Edelgase haben bereits acht Außenelektronen. Eine Ausnahme ist das Helium mit seiner ebenfalls stabilen Konfiguration. Alle anderen Elemente versuchen, durch chemische Reaktionen eine solch stabile Edelgaskonfiguration zu erreichen. Sie nehmen dabei zum Beispiel Elektronen anderer Atome auf oder geben Elektronen an andere Atome ab. Auf diese Weise gehen sie Bindungen ein – das sehen wir uns noch genauer an.

4 Lanthanoide und Actinoide

Diese Elemente sind dem Periodensystem meist als zwei separate Streifen angehängt. Der obere Streifen, die Lanthanoide, gehören in die 6. Periode und folgen auf das Element Lanthan. Die Actinoide dagegen gehören in die 7. Periode und kommen nach dem Element Actinium. Bei diesen Elementen werden jeweils die f-Orbitale aufgefüllt.

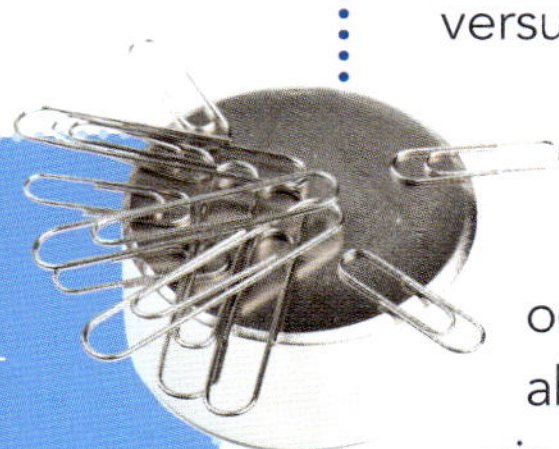

Ein weitverbreitetes Element der Lanthanoide ist Neodym. Es ist in superstarken Neodymmagneten enthalten.

Trends im Periodensystem

Wie groß sind Atome? Wie leicht ist es, einem Atom ein Elektron zu mopsen? Zu welchen Atomen fühlen sich Elektronen besonders hingezogen? Solche Fragen stellen sich Chemiker. Allerdings drücken sie sich anders aus. Sie sagen: Wie groß ist der Atomradius? Wie hoch ist die Ionisierungsenergie eines Elements? Welche Elektronegativität hat ein Element?

Atomradius

Die Frage, wie groß ein Atom ist, ist gar nicht so einfach zu beantworten, denn ein einzelnes Atom hat ja keine definierte, feste Oberfläche wie etwa eine Billardkugel. Damit kann man auch keinen genauen Atomradius angeben. Anders sieht es bei Atomen aus, die sich Elektronen teilen, also eine chemische Bindung eingehen. Hier ist es möglich, den Abstand zwischen den Atomkernen zu messen. Halbiert man diesen Wert, erhält man den Atomradius.

... und im Periodensystem?

In jeder Gruppe des Periodensystems nimmt der Atomradius von oben nach unten zu. Das leuchtet ein, denn mit jeder Periode steigt die Anzahl der Elektronenschalen. Außerdem schirmen die inneren Elektronen die Kernladung ab, sodass die äußeren Elektronen weniger stark vom Atomkern angezogen werden. Innerhalb einer Periode hingegen nimmt der Atomradius von links nach rechts ab. Denn durch die steigende Anzahl der Protonen im Atomkern werden die Elektronen stärker und damit näher an den Kern gezogen. Der Aufenthaltsbereich der Elektronen schrumpft – und damit auch der Atomradius.

Ionisierungsenergie

Stellen wir uns ein einzelnes Atom vor, zum Beispiel gasförmiges Natrium. Die Ionisierungsenergie des Atoms ist die Energie, die notwendig ist, um ein Elektron aus dem Atom herauszulösen. Die erste Ionisierungsenergie I_1 ist die Energie, die benötigt wird, um das erste Elektron aus einem Atom zu entfernen. Die zweite Ionisierungsenergie I_2 ist die Energie, um nun ein zweites Elektron zu entfernen. Sie ist immer höher als I_1. Du kannst dir merken: Je kleiner die Ionisierungsenergie, desto leichter trennt sich das Atom von seinem Elektron. Chemikerinnen und Chemiker geben die Ionisierungsenergie in Elektronenvolt an, abgekürzt mit eV.

... und im Periodensystem?

Die Ionisierungsenergie nimmt innerhalb einer Gruppe von oben nach unten ab. Es gilt: Je größer das Atom, desto geringer die Ionisierungsenergie. Klar, denn die Elektronen sitzen in den Valenzschalen eines großen Atoms weiter vom Kern entfernt und damit lockerer als in einem kleineren Atom. Innerhalb einer Periode steigt die Ionisierungsenergie von links nach rechts wiederum. Am leichtesten ist also das Valenzelektron eines Alkalimetalls zu entfernen, während die Halogene wie Fluor oder Chlor keines ihrer Elektronen abgeben wollen.

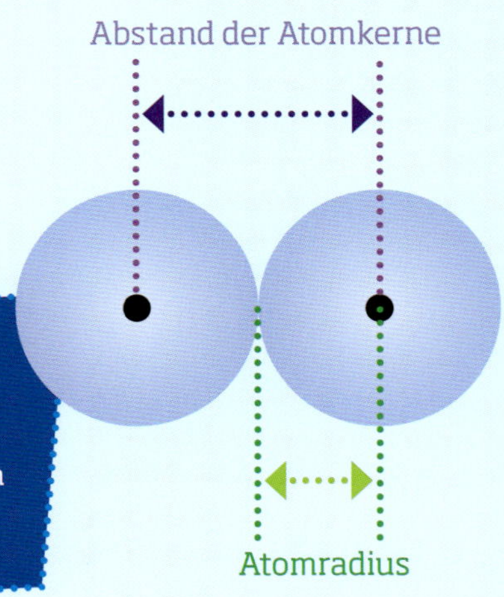

Zwei Atome desselben Elements sind eine chemische Bindung eingegangen. Misst man den Abstand zwischen den Atomkernen und halbiert ihn, hat man den Atomradius.

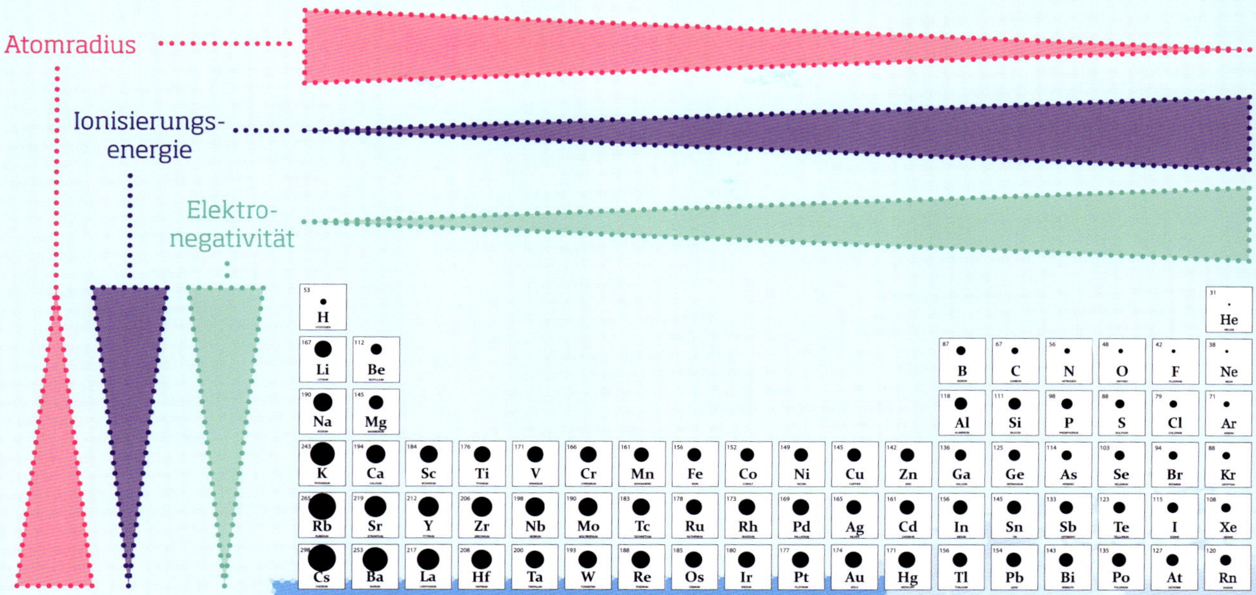

Hier siehst du die Trends im Periodensystem. Je größer ein Atom ist, desto einfacher lässt sich ein Valenzelektron entfernen und desto weniger zerrt das Element an den gemeinsamen Elektronen einer Atombindung.

Elektronegativität

Du weißt bereits, dass sich manche Atome Elektronen teilen und so Moleküle bilden können. Wir sehen uns das später noch genauer an. Hier aber schon mal so viel: Wenn zwei ungleiche Atome sich ein Elektronenpaar teilen, dann kann es sein, dass ein Bindungspartner die gemeinsamen Elektronen näher zu sich heranzieht. Wie stark, das zeigt der Wert der Elektronegativität, kurz EN. Es wurden verschiedene Systeme entwickelt, die sich ein wenig in den Werten für die Elemente unterscheiden. Am bekanntesten ist das von Linus Pauling. Er hat für das Fluor die höchste Elektronegativität von 4,0 ermittelt. Das Cäsium hat in dieser Skala eine Elektronegativität von nur 0,7 – das ist der kleinste Wert.

... und im Periodensystem?

Die Elektronegativität nimmt innerhalb einer Gruppe von oben nach unten ab. Innerhalb einer Periode steigt die Elektronegativität von links nach rechts.

In manchen Darstellungen des Periodensystems kannst du die Elektronegativität ablesen. Das Element Fluor hat die höchste.

Was macht man damit?

Du siehst, dass sich viele Eigenschaften eines Elements aus seiner Stellung im Periodensystem herleiten lassen. So weit, so gut. Aber wozu soll das gut sein? Ganz einfach: Wenn du zum Beispiel die Elektronegativität zweier Elemente kennst, dann kannst du auch abschätzen, welche Art von chemischer Bindung die beiden eingehen. Das wollen wir uns auf den folgenden Seiten genauer ansehen.

Geben und nehmen: Die Ionenbindung

In der Natur kommen kaum einzelne Atome vor. Denn sie suchen fast immer die Gesellschaft anderer Atome und verbinden sich miteinander. So entstehen zum Beispiel Moleküle, aber auch andere Atomverbände. Man unterscheidet drei Hauptverbindungstypen: Ionenbindung, metallische Bindung und Atombindung. Dabei streben die Atome nach einer vollständig gefüllten äußeren Elektronenschale, der Edelgaskonfiguration – du erinnerst dich sicher noch an die Oktettregel.

Was ist ein Ion?

In der Regel sind Atome elektrisch neutral. Die elektrischen Ladungen des Kerns und der Elektronen gleichen sich aus. Aber das muss nicht immer so bleiben! Gibt ein Atom ein Elektron ab, um zur Edelgaskonfiguration zu gelangen, so ist es einfach positiv geladen. Verliert es zwei Elektronen, ist es zweifach positiv geladen. Wenn ein Atom hingegen ein Elektron aufnimmt, so ist es einfach negativ geladen. Bei zwei zusätzlichen Elektronen ist es doppelt negativ geladen. Solche elektrisch geladenen Atome nennt man auch Ionen. Übrigens: Positiv geladene Ionen heißen auch Kationen und die negativ geladenen Ionen werden Anionen genannt.

Die Ionenbindung

Nehmen wir ein Natriumatom. Es hat in seiner Valenzschale ein einziges Elektron und gibt dieses nur allzu gerne ab. Aber wohin geht das Elektron? Ganz einfach: Man benötigt einen Partner, der das Elektron übernimmt. Chlor ist ein solcher Partner. Denn dem Chloratom mit sieben Valenzelektronen fehlt genau ein Elektron zur vollen Achterschale. Das Elektron des Natriumatoms füllt also die Elektronenlücke in der äußeren Schale des Chloratoms perfekt auf.

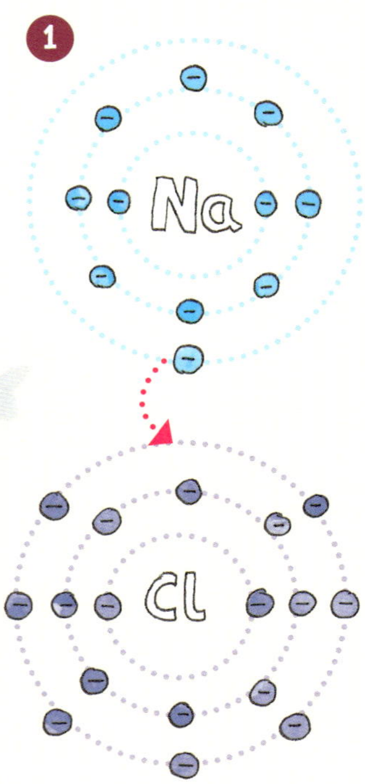

Aus Atomen werden Ionen

1 Natrium besitzt nur ein einzelnes Valenzelektron, das es abgibt, um zur Achterschale zu gelangen. Chlor hat sieben Valenzelektronen. Nimmt es ein weiteres auf, ist seine Valenzschale aufgefüllt und besonders stabil.

2 Beim Natrium überwiegt nun eine positive Ladung. Aus dem elektrisch neutralen Na-Atom ist ein einfach positiv geladenes Na^+-Ion geworden. Die durch das Elektron hinzugewonnene elektrisch negative Ladung macht das Chloratom zu einem einfach negativ geladenen Chlorid-Ion (Cl^-).

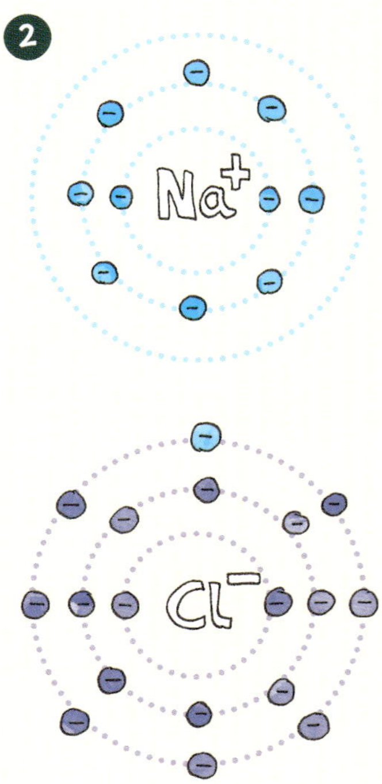

So entsteht ein positives Natrium-Ion (Na^+) und ein negatives Chlorid-Ion (Cl^-). Wie du siehst, wird die elektrische Ladung der Ionen mit einem kleinen Plus- oder Minuszeichen rechts oben am Elementsymbol markiert. Die beiden entgegengesetzt geladenen Ionen ziehen sich an, sie sind somit chemisch gebunden. So reagiert Natriummetall (Na) mit Chlorgas (Cl_2) zu Natriumchlorid (NaCl). Du kennst diese Ionenbindung als Kochsalz, das auch im Salzwasser der Meere enthalten ist. Allgemein spricht man bei Substanzen mit Ionenbindungen von Salzen.

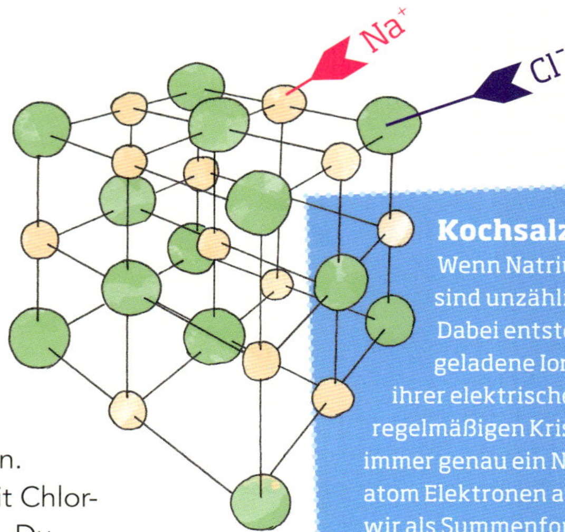

Kochsalzgitter
Wenn Natrium mit Chlor reagiert, sind unzählige Atome beteiligt. Dabei entstehen positiv und negativ geladene Ionen, die sich aufgrund ihrer elektrischen Ladung in einem regelmäßigen Kristallgitter anordnen. Weil immer genau ein Natrium- und ein Chloratom Elektronen austauschen, schreiben wir als Summenformel für Kochsalz NaCl.

Das Kristallgitter

Nun passiert das alles nicht mit nur einem Natrium- und einem Chloratom, sondern mit unvorstellbar vielen Atomen. Die Ionen ordnen sich in einem regelmäßigen Gitter an. Der Grund dafür liegt in ihren unterschiedlichen Ladungen. Im Fall des NaCl-Kristalls sitzen die positiv und negativ geladenen Ionen abwechselnd an den Ecken eines regelmäßigen Kristallgitters. Stell dir nun vor, du verschiebst eine Ebene des Gitters so, dass sich jeweils gleich geladene Ionen gegenüberstehen. Was denkst du, was passiert? Klar: Sie stoßen sich ab – und der NaCl-Kristall zerbricht. Genau das passiert übrigens, wenn du mit einem Hammer auf den Kristall schlägst. Ionenverbindungen sind also nicht verformbar!
Weil die Ionen fest auf ihren Plätzen sitzen, hat Kochsalz einen sehr hohen Schmelzpunkt von 801 Grad Celsius. Feste Salzkristalle leiten zudem keinen elektrischen Strom. In Wasser aufgelöst oder geschmolzen hingegen, kann Kochsalz Strom leiten, denn in dieser flüssigen Form sind die Ionen frei beweglich und können wandern.
Die Art der chemischen Bindung erklärt also gleich mehrere Stoffeigenschaften!

Wer macht Ionenbindungen?

Die Stellung der Atome im Periodensystem verrät uns, wer sich als Partner für einen Elektronenaustausch und damit für Ionenbindungen eignet. Dazu benötigen wir nur den Wert der Elektronegativität! Wenn das eine Atom eine sehr geringe und das andere eine sehr hohe Elektronegativität hat – genauer gesagt, wenn der Unterschied mindestens 1,7 beträgt –, dann gehen Elektronen ganz auf das elektronegativere Atom über. Und nur dann entstehen geladene Ionen, die ein Kristallgitter bilden können. Als Faustregel kannst du dir außerdem merken: Elemente der Gruppen 1 und 2 haben eine geringe Ionisierungsenergie und geben besonders leicht Elektronen ab. Elemente weiter rechts im Periodensystem haben eine höhere Ionisierungsenergie. Sie geben ihre Elektronen ungern ab und nehmen lieber welche auf.

Verwechslungsgefahr!
Wenn wir von einer chemischen Bindung sprechen, dann ist damit die Art und Weise gemeint, wie Atome zusammenhalten. Chemische **Ver**bindungen hingegen sind konkrete Stoffe, die aus mehreren Elementen bestehen – zum Beispiel Wasser oder Kochsalz.

Die metallische Bindung

Die Elemente, die wir als Metalle bezeichnen, möchten ihre locker sitzenden Valenzelektronen gerne loswerden. Was aber tut ein Natriumatom, wenn kein passender Reaktionspartner wie zum Beispiel Chlor verfügbar ist? Muss es sein Valenzelektron dann eben behalten? Nun ja, nicht ganz. In diesem Fall kommt es zu einer Metallbindung. Auf diese Weise halten die Natriumatome auch in einem Stück metallischen Natriums zusammen.

Atomrümpfe und Elektronengas

Auch bei der Metallbindung ordnen sich die Atome in einem Gitter an. Allerdings ist dieses Gitter nicht so starr wie bei der Ionenbindung. Es entsteht so: Jedes einzelne Natriumatom gibt sein Valenzelektron ab. Aus den Natriumatomen werden also positiv geladene Na^+-Ionen mit der energetisch günstigen Edelgaskonfiguration. Chemiker sprechen bei positiv geladenen Metallionen auch von Atomrümpfen. Diese sind in einem regelmäßigen Kristallgitter angeordnet. Die abgegebenen Elektronen wiederum bewegen sich frei und völlig zufällig durch das Gitter aus Na^+-Ionen. Sie schwirren einfach umher – man spricht auch von einem Elektronengas. Indem sich die positiv geladenen Atomrümpfe und die negativ geladenen Elektronen gegenseitig anziehen, wirkt das Elektronengas wie ein Klebstoff. Diese elektrostatischen Anziehungskräfte machen die metallische Bindung aus und sind der Grund dafür, dass Metalle wie Natrium oder Eisen bei Raumtemperatur Feststoffe sind. Die einzige Ausnahme ist das flüssige Quecksilber.

Starke Bindung

Wie stark die metallische Bindung ist, hängt von verschiedenen Dingen ab. Besonders die Zahl der Elektronen, die jedes Atom ins Elektronengas einbringt, spielt eine Rolle. Beim Natrium war es ja jeweils nur ein Elektron. Im Fall des Magnesiums sind es schon zwei – die metallische Bindung ist in einem Stück Magnesiummetall also stärker als beim Natrium. Das führt auch zu höheren Schmelz- und Siedetemperaturen beim Magnesium: Natrium schmilzt bei 98 Grad Celsius, Magnesium erst bei 650 Grad Celsius.

Kupfer ist ein Übergangsmetall. Es ist leicht verformbar und leitet elektrischen Strom besonders gut.

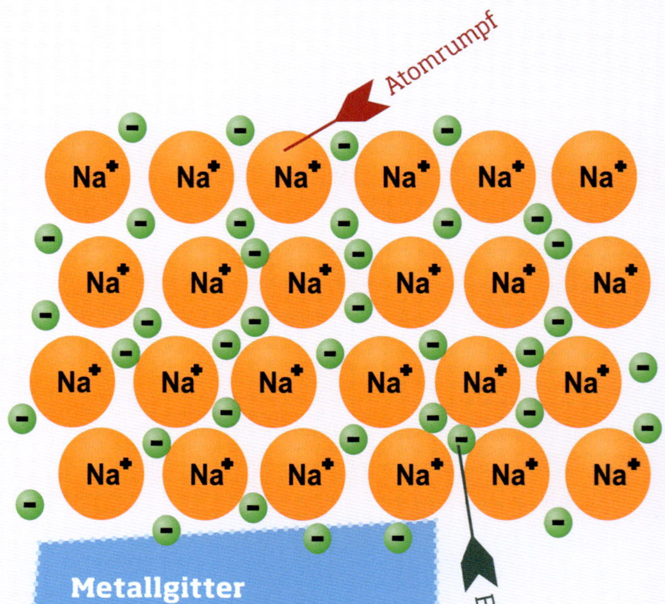

Metallgitter
Die positiv geladenen Atomrümpfe bilden das Metallgitter. Dazwischen schwirren die frei beweglichen, negativ geladenen Elektronen umher – man spricht vom Elektronengas.

Gold

Glänzend!

Der metallische Glanz ist typisch für Metalle. Die meisten Metalle glänzen jedoch silbern, so wie der Platinbarren.

Platin

Leitfähig und formbar

Die frei beweglichen Elektronen sind auch der Grund dafür, dass Metalle so gut Strom und Wärme leiten. Ein besonders guter elektrischer Leiter ist Kupfer, das sich in den meisten Elektrokabeln findet. Kupfer lässt sich beliebig verformen und als Draht aufwickeln, ohne zu brechen. Die gute Verformbarkeit ist eine typische Eigenschaft von Metallen. Sie lässt sich leicht mit der metallischen Bindung erklären: Wir verschieben in Gedanken wieder die Ebenen des Gitters, also die Atomrümpfe. Da das Elektronengas völlig frei herumschwirrt, kann es sich jeder Verformung anpassen – es kommt zu keiner abstoßenden Wirkung zwischen den gleich geladenen Atomrümpfen. Deshalb lassen sich Metalle schmieden, zu Blechen hämmern und zu Drähten ziehen.

Viele Metalle

Mehr als 75 Prozent der chemischen Elemente sind Metalle. Ein paar wenige künstlich hergestellte Elemente lassen sich nicht richtig zuordnen.

Metalle

Das sind Elemente, die elektrischen Strom und Wärme gut leiten. Sie weisen einen metallischen Glanz auf und sind meist leicht verformbar.

Halbmetalle

Sie nehmen mit ihren Eigenschaften eine Mittelstellung zwischen Metallen und Nichtmetallen ein. Die wichtigsten Halbmetalle sind Bor, Silizium, Germanium, Arsen, Antimon und Tellur.

Nichtmetalle

Dazu zählen die Elemente der 17. und 18. Gruppe, also die Halogene und Edelgase sowie Sauerstoff, Schwefel, Selen, Stickstoff, Phosphor, Kohlenstoff und Wasserstoff. Abgesehen vom Wasserstoff finden wir die Nichtmetalle im rechten Teil des Periodensystems. Nichtmetalle leiten Strom und Wärme nur schlecht.

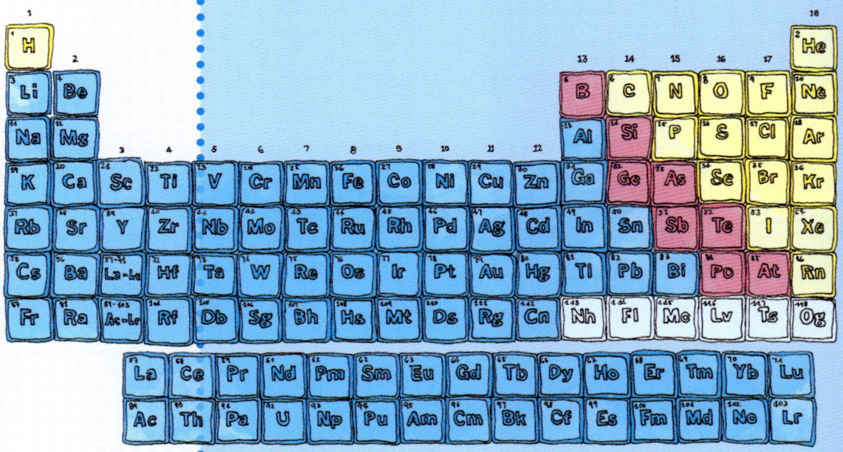

Elektronen teilen – Moleküle bilden

Du kennst nun die Ionenbindung und die metallische Bindung. Fehlt noch die dritte der drei Hauptbindungsarten: die Atombindung, auch kovalente Bindung genannt. Diese verbindet Atome zu Molekülen. Die Valenzelektronen gehen dabei nicht vollständig von einem Atom auf das andere über, sondern die Atome teilen sie sich. Auf diese Weise kommt jedes der beteiligten Atome zu einer energetisch günstigen Elektronenkonfiguration. Praktisch!

Atombindung

Einige Elemente treten unter Normalbedingungen – in der Chemie versteht man darunter 0 Grad Celsius und den Atmosphärendruck, der auf Meereshöhe herrscht – als zweiatomige Moleküle auf. Das sind Wasserstoff (H_2), Stickstoff (N_2), Sauerstoff (O_2) und die Halogene Fluor, Chlor, Brom und Jod (F_2, Cl_2, Br_2 und I_2). Jeweils zwei gleiche Atome teilen sich hier Elektronen und gelangen so zu einer stabilen Elektronenkonfiguration.
Sehen wir uns das einfachste Atom an, das Wasserstoffatom. Ihm fehlt ein Elektron für die stabile Helium-Konfiguration mit zwei Außenelektronen. Wenn sich nun zwei Wasserstoffatome zusammentun und jedes sein Elektron für ein gemeinsames Elektronenpaar zur Verfügung stellt, kommt jedes Atom zum Ziel! Die Bindungselektronen befinden sich bevorzugt zwischen den beiden Atomkernen und halten so die Atome zu einem Molekül zusammen.

Zwei, drei … viele!

Manche Moleküle bestehen nur aus zwei oder drei Atomen. Andere setzen sich aus Hunderten oder sogar vielen Tausend Atomen zusammen – etwa die Eiweißmoleküle in deinem Körper.

Pünktchen und Striche

Weil das ganz schön viel zum Mitdenken ist, schreiben wir die Strukturformel des Moleküls lieber gleich auf. Das ist ganz einfach: Für die Atomsorte benutzen wir die bekannten Abkürzungen aus dem Periodensystem. Drumherum kommen die Valenzelektronen des Atoms. Einzelne Elektronen werden als Punkte, Elektronenpaare als zwei Punkte notiert, die man zu einem Strich verbindet. Für unser Wasserstoffmolekül sieht das dann so aus:

Beim Chlormolekül Cl_2 ist es ähnlich: Von den sieben Valenzelektronen geht jeweils eines in ein Bindungselektronenpaar ein. Die restlichen Elektronen notieren wir außen um das Elementsymbol herum. Sie heißen übrigens freie Elektronen oder in diesem Fall freie Elektronenpaare. Nun hat jedes Chloratom die stabile Argon-Konfiguration mit acht Außenelektronen. Einfach mal nachzählen!

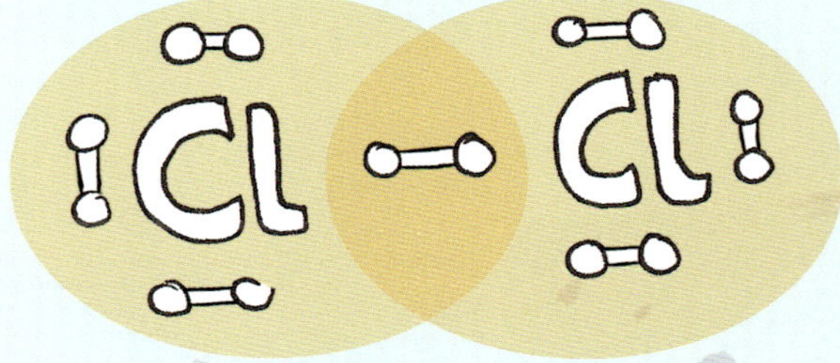

Mehrfachbindungen

Beim Sauerstoffmolekül O_2 muss jedes Atom zwei seiner sechs Valenzelektronen einbringen, damit acht Valenzelektronen erreicht werden. Man spricht hier von einer Doppelbindung.

Beim Stickstoffmolekül N_2 sind es schon jeweils drei Elektronen, die pro Atom in ein Elektronenpaar einfließen. Kurz gesagt: Durch Teilen entstehen bindende Elektronenpaare, die das Molekül zusammenhalten. Je mehr solcher gemeinsamer Elektronenpaare gebildet werden, desto stärker die chemische Bindung. Du siehst also: In der Chemie kann man vieles erklären, indem man einfach Elektronen abzählt. Du musst nur darauf achten, dass jedes beteiligte Atom zur Edelgaskonfiguration kommt.

Lewis-Formeln

Moleküle lassen sich in Form einer Strukturformel übrigens noch einfacher aufschreiben. Wir nehmen wieder die Abkürzung aus dem Periodensystem für ein bestimmtes Atom. Die beiden Punkte eines Elektronenpaars werden wieder zu einem Strich verbunden. Ein Strich zwischen zwei Atomen steht dann für eine Bindung, ein Strich an der Seite eines Atoms für ein nicht bindendes, freies Elektronenpaar. Lässt man die seitlichen Striche einfach weg, sieht das Ganze für Wasserstoff (H_2) und Sauerstoff (O_2) so aus:

Moleküldarstellungen in dieser Schreibweise nennt man Lewis-Formeln oder Lewis-Strukturen, denn sie wurden von dem amerikanischen Chemiker Gilbert Newton Lewis entwickelt. Sie sind praktisch und zeigen uns die bindenden Elektronenpaare. Allerdings verraten sie uns nicht die genaue Gestalt eines Moleküls, also wie die Atome darin angeordnet sind. Das finden wir auf der nächsten Seite heraus.

Wasser

Natürlich gehen auch unterschiedliche Elemente Atombindungen miteinander ein. Beim Wassermolekül H_2O etwa stellt das Sauerstoffatom zwei seiner sechs Außenelektronen für bindende Elektronenpaare zur Verfügung. Die Wasserstoffatome haben jeweils nur ein Elektron, das sie jedoch gerne einbringen. So kommen alle drei Atome zu einer Edelgaskonfiguration. Warum aber zeichnen wir das Wassermolekül gewinkelt, also anders als die anderen Moleküle? Die Auflösung gibt es auf der nächsten Seite.

Kohlenstoffdioxid

Auf Kohlenstoff basiert alles Leben. Er ist ein echter Superstar unter den Elementen. Seine Atome haben vier Außenelektronen und können Einfach-, Doppel- und Dreifachbindungen mit sich selbst, aber auch mit anderen Elementen eingehen, wie im Treibhausgas Kohlenstoffdioxid CO_2.

Wie sehen Moleküle wirklich aus?

Du weißt jetzt: Manche Atome gehen Ionenbindungen ein, bei denen positiv und negativ geladene Ionen in einem Kristallgitter auf ganz bestimmten Gitterplätzen sitzen. Metallatome halten untereinander über die metallische Bindung zusammen – ein Elektronengas wirkt als Klebstoff. Der dritte Bindungstyp ist die Atombindung, bei der sich Atome Elektronenpaare teilen. So entstehen Moleküle. Für Chemikerinnen und Chemiker ist es wichtig zu wissen, wie die Atome eines Moleküls im dreidimensionalen Raum angeordnet sind. Denn diese Geometrie des Moleküls kann darüber entscheiden, ob chemische Reaktionen stattfinden und wie sie ablaufen. Bei Medikamenten bestimmt die genaue Anordnung der Atome zum Beispiel, ob die gewünschte Wirkung eintritt. In einer anderen Anordnung kann das Molekül sogar schädlich sein!

Methan

Ein Methanmolekül besteht aus einem Kohlenstoffatom (C) und vier Wasserstoffatomen (H). Die Summenformel lautet also CH_4. Das C-Atom stellt seine vier Valenzelektronen für vier kovalente Bindungen mit vier H-Atomen zur Verfügung. Wir haben also vier Bindungselektronenpaare und keine freien Elektronenpaare. Die günstigste Geometrie, also Anordnung der bindenden Elektronenpaare, ist die eines Tetraeders. An seinen vier Spitzen sitzen die Wasserstoffatome. Die vier bindenden Elektronenpaare haben einen Winkel von 109,5 Grad zueinander. Das ist der sogenannte Tetraederwinkel.

Ab drei Atomen wird es interessant

Bei zweiatomigen Molekülen wie Cl_2 oder HCl ist die Geometrie eindeutig: Die Atomkerne beider Atome liegen auf einer Linie – es ist die einzige Art, zwei Atome anzuordnen. Doch wie sieht es bei einem dreiatomigen Molekül aus? Liegen die drei Atomkerne ebenfalls auf einer Geraden oder sind sie gewinkelt angeordnet? Profis interessieren sich auch für den sogenannten Bindungswinkel.

Einfach abstoßend

Um die Anordnung zu bestimmen, betrachtet ein einfaches Konzept wieder mal die Valenzelektronen – und zwar nur diese! Die Elektronen der inneren Schalen spielen keine Rolle. Es geht ausschließlich um die Bindungselektronenpaare und zusätzlich um die freien Elektronenpaare. Zur Erinnerung: Das sind jene Elektronen der Valenzschale, die nicht an chemischen Bindungen beteiligt sind. Die unterschiedlichen Elektronenpaare stoßen sich gegenseitig ab. Klar, denn sie sind ja gleich geladen. Nur innerhalb eines gemeinsamen Elektronenpaars vertragen sie sich. Aufgrund der Abstoßung entfernen sich die Elektronenpaare in einem Molekül so weit wie möglich voneinander. Diese Abstoßung ist die Grundidee des Elektronenpaar-Abstoßungsmodells, kurz EPA-Modell.

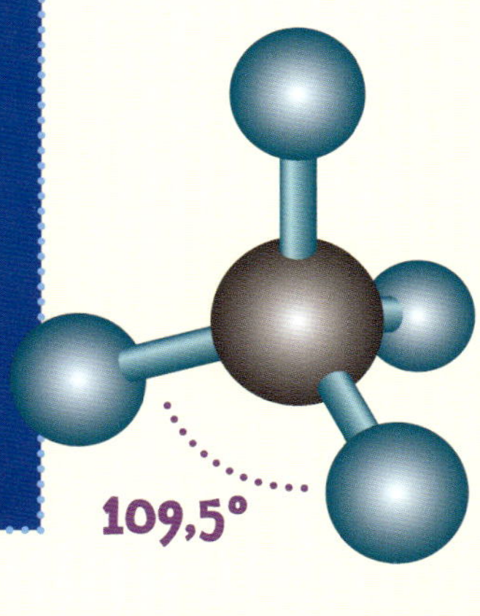

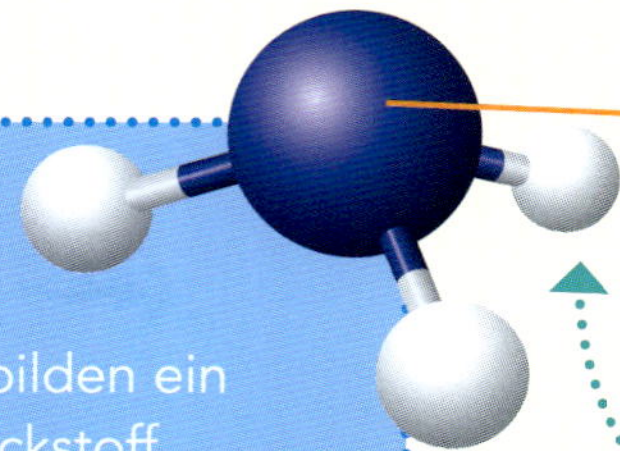

Ammoniak

Drei Wasserstoffatome (H) und ein Stickstoffatom (N) bilden ein Ammoniakmolekül NH_3. Stickstoff hat fünf Valenzelektronen und bringt drei davon in bindende Elektronenpaare mit Wasserstoff ein. Allerdings hat das N-Atom dann noch ein freies Elektronenpaar. Insgesamt haben wir also vier Elektronenpaare, die sich wegen der gegenseitigen Abstoßung aus dem Weg gehen. Also sind wir wieder beim Tetraeder angelangt. Das freie Elektronenpaar stellen wir uns jetzt als unsichtbar vor. Es bleibt eine Pyramide mit einer dreieckigen Grundfläche übrig. Das N-Atom bildet die Spitze.

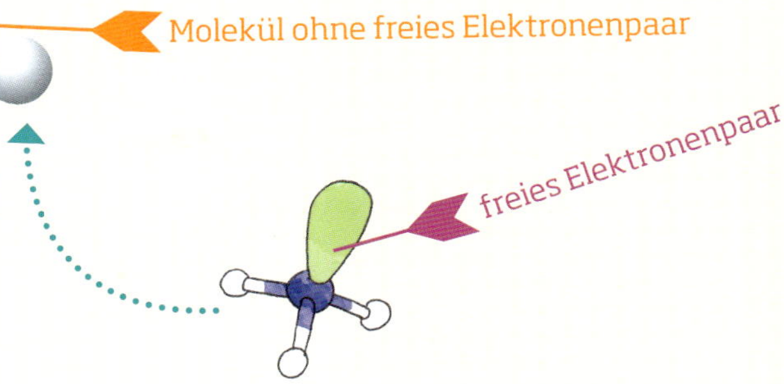

Der Weg zur Geometrie

Die Geometrie eines Moleküls kannst du ermitteln, indem du die folgenden Schritte der Reihe nach abarbeitest.

Schritt 1: Du bestimmst die Lewis-Formel des Moleküls. Diese umfasst die gemeinsamen Bindungselektronenpaare und diesmal auch die freien Elektronenpaare, also jene Elektronen, die nicht an Bindungen beteiligt sind.

Schritt 2: Nun suchst du das zentrale Atom. Das ist jenes Atom, an das alle anderen Atome gebunden sind. Du zählst dessen Elektronenpaare – die bindenden und die freien. In unseren Beispielen gibt es immer vier Elektronenpaare, die sich gegenseitig abstoßen. Dadurch ergibt sich die Form eines Tetraeders für das Molekül. Bei sechs Elektronenpaaren wäre es ein Oktaeder.

Schritt 3: Nun stellst du dir die freien Elektronenpaare als unsichtbar vor und betrachtest nur noch die bindenden Elektronenpaare. So erhältst du die Molekülgeometrie, also die räumliche Anordnung der Atome im Molekül. Das ist gar nicht so schwierig!

Wasser

Im Wassermolekül H_2O ist das zentrale Atom der Sauerstoff. Wegen seiner sechs Valenzelektronen teilt es sich je ein Bindungselektronenpaar mit einem der beiden H-Atome, um auf die acht gewünschten Außenelektronen zu kommen – denk an die Oktettregel. Außerdem hat das O-Atom noch zwei freie Elektronenpaare. Die Grundform für vier Elektronenpaare ist wieder das Tetraeder. Blenden wir die freien Elektronenpaare aus, bleibt ein gewinkeltes Molekül übrig.

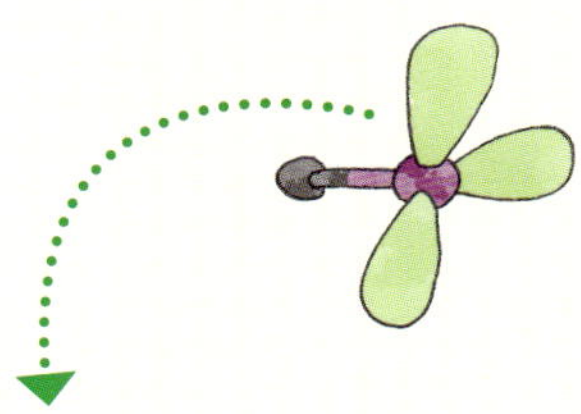

Chlorwasserstoff

Das Chloratom des HCl-Moleküls hat sieben Valenzelektronen. Also verfügt es über ein Bindungselektronenpaar mit Wasserstoff sowie drei freie Elektronenpaare, die wir uns aber wegdenken. Wir erhalten ein lineares Molekül.

Polare Moleküle

Erinnerst du dich noch an die Elektronegativität? Gehen zwei Atome verschiedener Elemente eine Bindung ein und der Unterschied ihrer Elektronegativitäten liegt über 1,7, kommt es zu einer Ionenbindung. Bei weniger als 1,7 haben wir es mit einer Atombindung zu tun. Doch die Elektronegativität bestimmt nicht nur die Bindungsart.

Positiv und negativ

In einer kovalenten Bindung zieht das Atom mit der höheren Elektronegativität die Bindungselektronen stärker zu sich. Dem anderen Atom fehlt diese Ladung. Es hat nun zu wenig negative Ladung, um die positive Ladung seines Atomkerns vollständig auszugleichen. Anders ausgedrückt: Das elektronegativere Atom hat eine negative Teilladung, das andere Atom eine positive Teilladung. Man kennzeichnet diese Teilladungen mit dem kleinen griechischen Buchstaben Delta (δ). Über dem elektronegativeren Element steht dann δ^-, über dem weniger elektronegativen Partner schreiben wir δ^+. Solche Bindungen, bei denen die Bindungselektronen teilweise zu einem Atom hin verschoben sind, nennt man auch polarisierte Atombindungen und die Moleküle entsprechend polare Moleküle oder Dipolmoleküle. Dipol bedeutet »zwei Pole«: positiv und negativ. Du kannst dir merken: Je größer der Unterschied der Elektronegativitäten, desto polarer ist die Bindung.

Zweiatomige Moleküle

Bei zweiatomigen Molekülen ist schnell entschieden, ob es sich um ein unpolares oder polares Molekül handelt. Zieht man den Wert für die Elektronegativität des einen Atoms von dem des anderen ab und die Differenz ist null, handelt es sich um ein unpolares Molekül. Das gilt jedoch nur für zweiatomige Moleküle, die aus zwei gleichen Atomen bestehen, wie etwa Wasserstoff H_2. Alle anderen zweiatomigen Moleküle mit Elementen unterschiedlicher Elektronegativität sind polar.

Gerade Moleküle

Für ein Molekül, das aus mehr als zwei Atomen besteht, entscheidet neben der Elektronegativität auch die Gestalt des Moleküls, ob es polar ist. Wichtig ist dabei, wo die Ladungsschwerpunkte liegen. Gibt es mehrere gleich geladene Atome im Molekül, befindet sich der Ladungsschwerpunkt immer genau in der Mitte zwischen diesen Teilladungen.
Sehen wir uns das Kohlendioxidmolekül CO_2 an, das aus drei Atomen besteht. Die elektronegativeren O-Atome zerren stärker an den gemeinsamen Bindungselektronen, sodass diese dorthin verschoben sind. Wir haben also zwei polare Bindungen. Doch da es sich um ein lineares Molekül handelt – die Atome liegen also auf einer Linie –, fallen die Ladungsschwerpunkte zusammen. Sowohl der negative als auch der positive Ladungsschwerpunkt befindet sich im Kohlenstoffatom. Kohlendioxid ist daher ein unpolares Molekül.

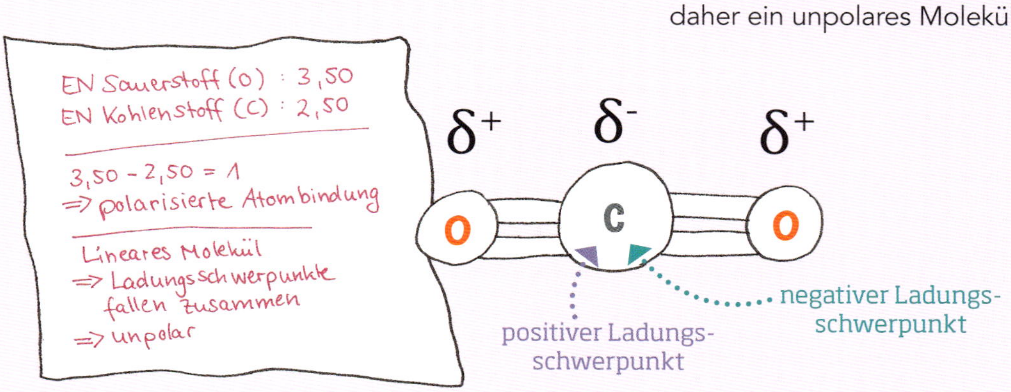

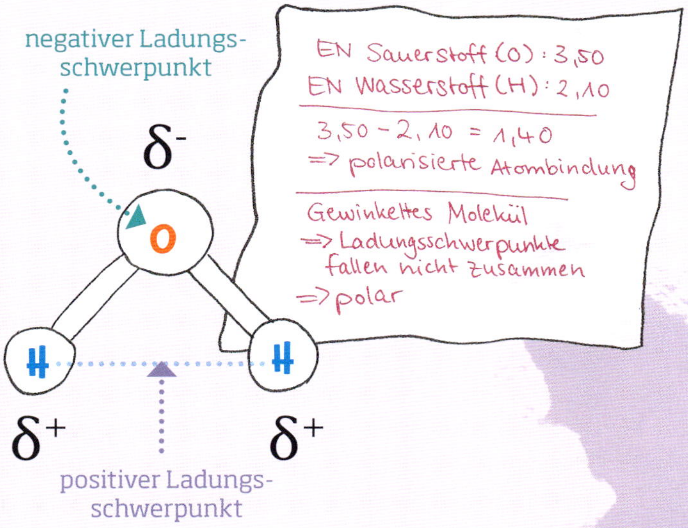

Gewinkelte Moleküle

Ganz anders sieht es beim Wasser H_2O aus. Wieder haben wir zwei polare Bindungen: Das elektronegativere O-Atom zieht die gemeinsamen Bindungselektronen mehr zu sich. Da das Molekül gewinkelt ist, liegen die Ladungsschwerpunkte allerdings nicht am selben Punkt. Der positive Ladungsschwerpunkt liegt genau zwischen den beiden Wasserstoffatomen, der negative Ladungsschwerpunkt befindet sich im Sauerstoffatom. Wir haben es also mit einem polaren Molekül zu tun!

Wasser ist besonders!

Wasser ist chemisch besonders. Wegen des gewinkelten Aufbaus der polaren Wassermoleküle ist die Ladung dort ungleich verteilt. Das führt dazu, dass in einer größeren Ansammlung von Wassermolekülen die teilweise positiv geladenen H-Atome eines Moleküls von dem teilweise negativ geladenen Sauerstoff eines benachbarten anderen Moleküls angezogen werden. Es bildet sich eine besondere Form von Bindung, die Wasserstoffbrückenbindung.

Aus Wasser wird Eis

Und jetzt kommt die Besonderheit: Die meisten Substanzen sind als Feststoff dichter als in der flüssigen, geschmolzenen Form. Bei Wasser aber haben die Moleküle im gefrorenen Zustand einen größeren Abstand zueinander als im flüssigen Zustand. Festes Wassereis hat somit eine geringere Dichte als flüssiges Wasser. Wenn Wasser gefriert, schwimmt das leichtere Eis deshalb oben. Das ist auch der Grund, warum Seen im Winter von der Oberfläche aus zufrieren. Während Schlittschuhfahrer auf dem Eis ihre Kurven ziehen, können Fische am Grund überwintern.

Flüssiges Wasser
Die Moleküle sind dichter gepackt als im Eis. Die Wasserstoffbrückenbindungen verhelfen der Wasseroberfläche zu einer hohen Oberflächenspannung, sodass der Wasserläufer nicht untergeht.

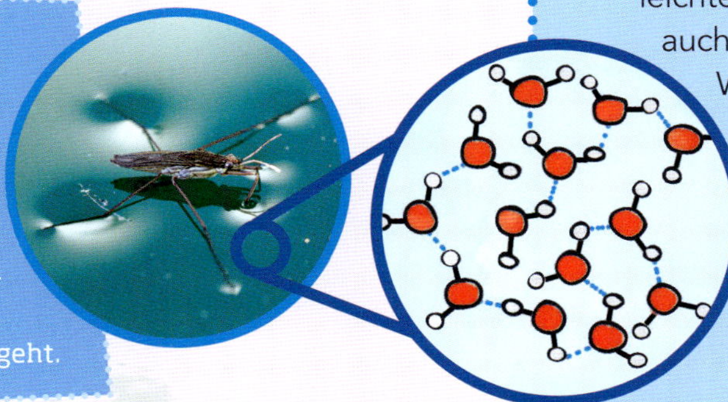

Festes Wasser
Die Wassermoleküle im Eiskristall sitzen lockerer gepackt. Deshalb schwimmt Eis auf dem Wasser. Gut für den Eisbär, der von Eisschollen aus jagt.

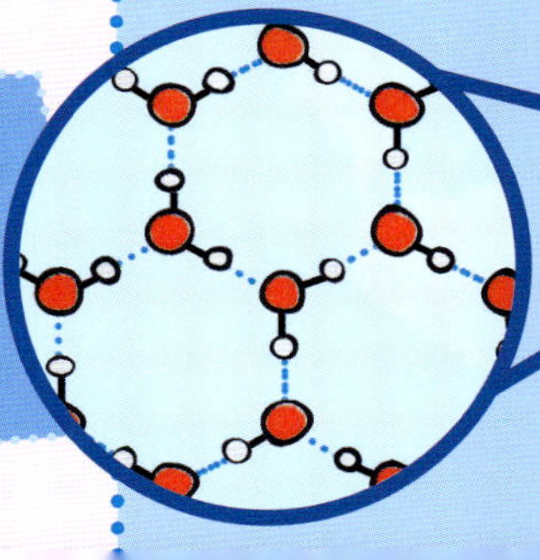

Alles auf einen Blick

Gratuliere, du hast es geschafft! Du weißt nun, wie Atome aufgebaut sind und welche große Rolle die Elektronenkonfiguration spielt. Du hast das Periodensystem mit seinen 118 Elementen kennengelernt und kannst aufgrund der Position eines Elements darin sagen, welche Eigenschaften es hat. Hier findest du noch einmal kurz zusammengefasst, was du inzwischen alles über die Grundlagen der Chemie weißt – und das ist jede Menge!

Orbitale

Die Elektronen lassen sich im Atom in Schalen anordnen. Noch besser stellt man sich aber Elektronenwolken oder Orbitale vor. Sie geben den Ort an, an dem sich die Elektronen mit großer Wahrscheinlichkeit aufhalten. Orbitale sehen zum Teil sehr seltsam aus.

Materie

Die uns umgebende Materie liegt in einem dieser drei Aggregatzustände vor: fest, flüssig oder gasförmig. Außerdem finden wir in der Natur Stoffgemische und Reinstoffe. Reinstoffe können chemische Verbindungen sein oder chemische Elemente – diese lassen sich nicht weiter mit chemischen Methoden zerlegen.

Isotope

Im Atomkern sitzen meist noch elektrisch neutrale Neutronen. Je nach ihrer Anzahl unterscheidet man verschiedene Isotope eines Elements. An den chemischen Eigenschaften ändern die Neutronen nichts.

Periodensystem

Jedes chemische Element hat ganz bestimmte physikalische und chemische Eigenschaften. Bei dem Versuch, die Elemente entsprechend ihren Eigenschaften zu ordnen, wurde das Periodensystem entwickelt.

Kern und Hülle

Jedes Element besteht aus einer Atomsorte. Alle Atome wiederum setzen sich aus einem positiv geladenen Kern und einer negativ geladenen Elektronenhülle zusammen. Die Anzahl der Protonen und Elektronen ist immer identisch und bestimmt die chemischen Eigenschaften des Elements.

Elektronen verteilen
Die Elektronen werden nach bestimmten Regeln auf die Schalen oder Orbitale verteilt. Jedes Element ist in dieser Elektronenkonfiguration einzigartig. Manche sind sich jedoch sehr ähnlich. Das liegt daran, dass sie in der äußersten Schale gleich viele Außen- oder Valenzelektronen haben.

Ionenbindung
Bei der Ionenbindung gibt ein Atom Elektronen ab, die ein anderes Atom gerne aufnimmt. Es entstehen positiv und negativ geladene Ionen, die sich gegenseitig anziehen und in einem festen Kristallgitter anordnen. Bestes Beispiel sind Natrium und Chlor, die zu Kochsalz reagieren.

Bindungsarten
Alle Elemente hätten gerne so viele Außenelektronen wie die Edelgase. Um das zu schaffen, gehen Atome chemische Bindungen miteinander ein. Die drei wichtigsten Bindungsarten sind: metallische Bindung, Ionenbindung und Atombindung.

Oktett-regel

Atombindung

Manche Atome teilen sich Elektronenpaare und bilden Moleküle. Das nennt man Atombindung oder kovalente Bindung. Manchmal zieht ein Atom die Elektronen stärker zu sich als sein Bindungspartner. So entstehen polare Bindungen, etwa in Wassermolekülen.

Metallische Bindung
Bei der metallischen Bindung finden sich mehrere Metallatome zusammen. Die positiv geladenen Atomrümpfe baden dann in einem Meer aus frei beweglichen Elektronen. Dieses Elektronengas erklärt auch, warum Kupferdraht ein guter elektrischer Leiter ist.

Künstliche Elemente
Alle natürlich vorkommenden Elemente sind entdeckt, einige konnten zudem künstlich hergestellt werden. Mit insgesamt 118 Elementen sind die ersten sieben Perioden des Periodensystems lückenlos aufgefüllt.

Nun wartet das Element 119 darauf, hergestellt zu werden. Das ist ziemlich schwierig. Du willst es versuchen? Dann viel Erfolg!

Aggregatzustand: Zustand, in dem ein Stoff sich befindet. Die drei geläufigsten Aggregatzustände sind fest, flüssig und gasförmig.

Alchemist: In der Zeit, bevor es Chemie als Naturwissenschaft gab, existierte die Alchemie. Eines der Ziele von Alchemisten war es, Gold aus unedlen Stoffen wie Blei herzustellen.

Alkalimetalle: Elemente der 1. Gruppe ganz links im Periodensystem. Dazu gehören Lithium, Natrium, Kalium, Rubidium, Cäsium und Francium.

Anion: Negativ geladenes Atom oder Molekül.

Atom: Die kleinste Einheit eines chemischen Elements. Atome bestehen aus einem elektrisch positiv geladenen Atomkern, der von elektrisch negativ geladenen Elektronen umgeben ist. Im Atomkern sitzen positiv geladene Protonen und elektrisch neutrale Neutronen.

Atombindung: Auch kovalente Bindung. Atome teilen sich dabei gemeinsame Elektronenpaare. Zwei oder mehrere Atome bilden so ein Molekül.

Atommasse: Masse eines Atoms, angegeben in der atomaren Masseneinheit u. 1 u entspricht einem Zwölftel der Masse eines ^{12}C-Atoms.

Atomradius: Halber Durchmesser eines Atoms.

Chemische Verbindung: Substanz, die aus zwei oder mehr unterschiedlichen chemischen Elementen besteht. Ein Beispiel ist Wasser.

Destillation: Verfahren zur Trennung und Reinigung von meist flüssigen Gemischen. Zuerst wird Hitze zugeführt, sodass der Bestandteil mit dem niedrigsten Siedepunkt verdampft. Der Dampf wird durch Abkühlen wieder verflüssigt.

Dichte: Masse pro Volumeneinheit, gemessen in g/cm^3.

Dipol: Siehe polares Molekül.

Edelgase: Die Elemente der 18. Gruppe ganz rechts im Periodensystem. Zu den Edelgasen zählen Helium, Neon, Argon, Krypton, Xenon und Radon. Edelgase heißen »edel«, weil sie kaum reagieren.

Elektrolyse: Zerlegung von Stoffen mithilfe elektrischen Stroms.

Elektron: Winziges Teilchen mit negativer elektrischer Ladung und einer geringen Masse. Elektronen bilden die Hülle um den Atomkern.

Elektronegativität: Bestreben eines Atoms, in einer Atombindung Elektronen zu sich zu ziehen.

Elektronenkonfiguration: Verteilung der Elektronen auf die Elektronenschalen oder Orbitale eines Atoms.

Element: Substanz, die mit chemischen Methoden nicht weiter in einfachere Substanzen unterteilt werden kann. Elemente bestehen aus nur einer Atomsorte. Ein Beispiel ist Kohlenstoff.

EPA-Modell: Elektronenpaar-Abstoßungsmodell. Damit lässt sich die Anordnung der Atome in einem Molekül herleiten.

Gemisch: Substanz, die aus mindestens zwei Reinstoffen besteht. Man unterscheidet homogene und heterogene Gemische.

Gruppe: Senkrechte Spalte im Periodensystem. Die Elemente einer Gruppe stehen untereinander und haben ähnliche chemische Eigenschaften.

Halbmetall: Element mit Eigenschaften zwischen Metallen und Nichtmetallen. Silizium ist ein Halbmetall.

Halogene: Elemente der 17. Gruppe im Periodensystem. Wichtige Halogene sind Fluor, Chlor, Brom und Jod.

Ion: Einfach oder mehrfach positiv oder negativ geladenes Atom oder Molekül. Man unterscheidet negativ geladene Anionen und positiv geladene Kationen.

Ionenbindung: Verknüpfung zweier Atome, indem Elektronen von einem Atom vollständig auf das andere übergehen.

Ionisierungsenergie: Energie, die benötigt wird, um ein Elektron aus einem Atom zu entfernen.

Isotope: Unterschiedliche Atomsorten ein und desselben Elements, die sich in ihrer Neutronenzahl unterscheiden.

Kation: Positiv geladenes Atom oder Molekül.

Kovalente Bindung: Siehe Atombindung.

Lewis-Formel: Strukturformel eines Moleküls, bei der einzelne Elektronen mit Pünktchen und Elektronenpaare mit Strichen dargestellt sind. Meist werden nur die bindenden Elektronen als Striche zwischen den Elementabkürzungen notiert.

Materie: Sammelbezeichnung für alles, was uns umgibt und woraus Stoffe aufgebaut sind.

Metalle: Diese Elemente glänzen metallisch, leiten Strom und Wärme gut und lassen sich leicht verformen. Ein Beispiel ist Kupfer.

Metallische Bindung: Chemische Bindung, die bei Metallen vorliegt. Positiv geladene Atomrümpfe werden dabei von einem Elektronengas aus frei beweglichen Elektronen zusammengehalten.

Molekül: Zusammenschluss von zwei oder mehr Atomen über kovalente Bindungen.

Neutron: Winziges, elektrisch nicht geladenes Teilchen. Neutronen befinden sich in vielen Atomkernen.

Nichtmetalle: Elemente, die keine Metalle sind. Das sind Wasserstoff, Kohlenstoff, Stickstoff, Phosphor, Sauerstoff, Schwefel und Selen sowie die Halogene und Edelgase, also die Elemente der Gruppen 17 und 18 im Periodensystem.

Oktettregel: Regel, wonach alle Atome die Elektronenkonfiguration der Edelgase anstreben. Diese haben eine vollständig gefüllte Valenzschale mit acht Elektronen. Eine Ausnahme bildet Helium mit zwei Außenelektronen.

Orbital: Raum, in dem ein Elektron in einem Atom mit hoher Wahrscheinlichkeit anzutreffen ist. Orbitale sind teilweise kompliziert geformt.

Ordnungszahl: Zahl der Protonen im Atomkern. Die Elemente sind im Periodensystem nach aufsteigender Ordnungszahl geordnet, beginnend mit Wasserstoff, der die Ordnungszahl 1 hat.

Periode: Horizontale Reihe im Periodensystem.

Periodensystem (PSE): Tabelle aller chemischen Elemente, die nach steigender Ordnungszahl sortiert sind. Die Liste hat sieben horizontale Zeilen (Perioden). Elemente mit ähnlichen chemischen Eigenschaften stehen in senkrechten Spalten (Gruppen) untereinander.

Photon: Lichtteilchen, auch Lichtquant genannt.

Polares Molekül: Auch Dipol-Molekül genannt. Molekül, in dem Atome mit unterschiedlicher Elektronegativität positive und negative Teilladungen entstehen lassen, wobei die Ladungsschwerpunkte nicht zusammenfallen. Ein Beispiel ist das Wassermolekül H_2O.

Proton: Winziges, positiv geladenes Teilchen. Kernbaustein der Atome.

Radioaktivität: Eigenschaft eines Atomkerns, unter Freisetzung von Energie zu zerfallen. Die Energie wird in Form von energiereichen Teilchen oder elektromagnetischer Strahlung abgegeben.

Reinstoff: Substanz, die einheitlich zusammengesetzt ist und aus einer einzigen chemischen Verbindung oder nur einem chemischen Element besteht. Beispiele für Reinstoffe sind Wasser und Sauerstoff.

Salz: Substanz, die aus positiv und negativ geladenen Ionen besteht, die in einem Kristallgitter angeordnet sind. Das bekannteste Beispiel ist Kochsalz mit der Summenformel NaCl.

Schmelzpunkt: Temperatur, bei der ein Stoff vom festen in den flüssigen Zustand übergeht.

Siedepunkt: Temperatur, bei der ein Stoff vom flüssigen in den gasförmigen Zustand übergeht.

Stoff: Auch Substanz genannt. Der Begriff »Stoff« umfasst in der Chemie Reinstoffe, also Elemente oder chemische Verbindungen. Ein Stoff kann aber auch ein Gemisch aus zwei oder mehr Reinstoffen sein.

Summenformel: Formel, die die Art und Anzahl der Atome in einer chemischen Verbindung angibt. Ein Beispiel ist H_2O für Wasser: Das Molekül besteht aus zwei Wasserstoffatomen (H) und einem Sauerstoffatom (O).

Valenzelektronen: Elektronen der äußeren Schale eines Atoms. Die Valenzelektronen bestimmen die chemischen Eigenschaften eines Elements.

Wertigkeit: Auch Valenz genannt. Die Wertigkeit eines Elements gibt an, wie viele andere Atome das Atom an sich binden kann. Kohlenstoff hat eine Wertigkeit von vier, bei Wasserstoff beträgt sie eins.

picture alliance: 7l (Petrochemie: NTB/Scanfoto), 7r (Theoretische Chemie: Felix König/dpa), 11or (Derby, Museum and Art Gallery/akg-images), 15ul (D. Harms/WILDLIFE), 22ul (akg-images), 30ul (Mary Evans Picture Library), 40or (akg-images), 53m (Wolfgang Hartmann);

Shutterstock: 2om (Visions-AD), 4om (Roman Bodnarchuk), 5um (Pelikh Alexey), 6l (Allgemeine Chemie: Vasilyev), 6l (Organische Chemie: Sokor Space), 6l (Analytische Chemie: Ropisme), 6l (Biochemie: topimages), 7l (Anorganische Chemie: Nick Target), 7l (Atmosphärenchemie: Alones), 7r (Elektrochemie: mahc), 7r (Umweltchemie: Chatchawal Phumkaew), 7r (Polymerchemie: Looka), 9ml (Roman Bodnarchuk), 9ol (Yes058 Montree Nanta), 9ur (Lila Koan), 13om (Pelikh Alexey), 15ol (Michal Durinik), 16ur (IanRedding), 17ol (Visions-AD), 19mr (e_rik), 23om (Antoine2K), 24ur (e_rik), 27ur (tunasalmon), 28mr (4f: magnetix), 31or (Yavdat), 32u (Sergey Merkulov), 37ul (Designua), 39or (rktz), 41ur (4f: magnetix), 41ml (3s: magnetix), 41mm (3p: magnetix), 41ul (3d: magnetix), 44um (Tolpeeva Nadezda), 45um (james_stone76), 45ur (Maleo), 47ml (Rvkamalov gmail.com), 47um (Fototocam), 48ur (Sansanorth), 49o (Nasky), 52ur (anchalee thaweeboon), 52ul (alarich), 53ol (VladKK), 55ur (engel.ac), 55m (Cozine), 56um (Tolpeeva Nadezda), 57om (Peter Hermes Furian), 57ul (Peter Hermes Furian), 57ur (Bacsica), 59ur (james_stone76), 59um (Maleo);

Wikipedia: 7l (Radiochemie: PD/NASA Goddard Space Flight Center), 10um (PD/Metropolitan Museum of Art), 11ur (Weißer Phosphor: CC BY-SA 4.0/BXXXD), 11ur (Roter Phosphor: CC BY-SA 4.0/Aleksander Sobolewski), 11ur (Schwarzer Phosphor: CC BY-SA 3.0/Alshaer666), 14ur (CC BY 2.0/Fondo Antiguo de la Biblioteca de la Universidad de Sevilla from Sevilla, España), 17m (PD/Internet Archive Book Images), 17ur (CC BY-SA 3.0 igo/ESA/CESAR), 24or (PD/Serge Lachinov (обработка для wiki)), 25ul (PD/Archive creator: Department of Energy), 46u (PD/Antonsusi)

Umschlag: Archiv Tessloff

Burgschmietstraße 2–4
90419 Nürnberg
qualitaet@tessloff.com
www.tessloff.com

Autor: Dr. Manfred Baur
Illustration: Annelie Weißmann
Grafik: Annelie Weißmann
Lektorat: Lisa Hebler
Bildredaktion: Susanne Wiechert
Druck: Livonia Print

ISBN 978-3-7886-7697-1

MIX Papier | Fördert gute Waldnutzung FSC® C002795

Das Periodensystem der Elemente

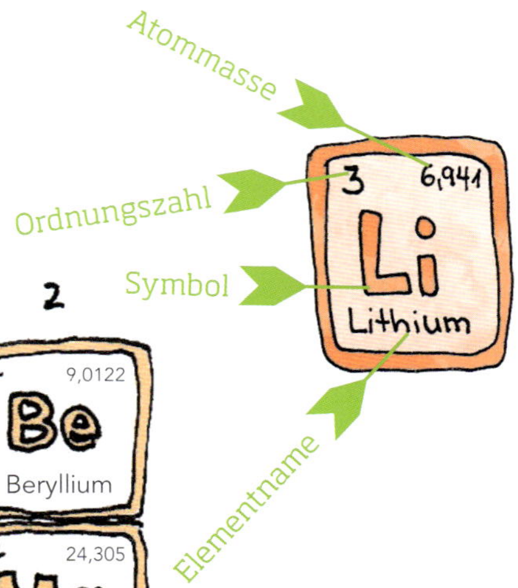

- Wasserstoff
- Alkalimetalle
- Erdalkalimetalle
- Übergangsmetalle
- Bor-Gruppe
- Kohlenstoff-Gruppe
- Stickstoff-Gruppe
- Sauerstoff-Gruppe
- Halogene
- Edelgase
- Lanthanoide
- Actinoide

PERIODE

	1	2	3	4	5	6	7	8	9
1	1 H Wasserstoff 1,0079								
2	3 Li Lithium 6,941	4 Be Beryllium 9,0122							
3	11 Na Natrium 22,990	12 Mg Magnesium 24,305							
4	19 K Kalium 39,098	20 Ca Calcium 40,078	21 Sc Scandium 44,956	22 Ti Titan 47,867	23 V Vanadium 50,942	24 Cr Chrom 51,996	25 Mn Mangan 54,938	26 Fe Eisen 55,845	27 Co Koba… 58…
5	37 Rb Rubidium 85,468	38 Sr Strontium 87,62	39 Y Yttrium 88,906	40 Zr Zirkonium 91,224	41 Nb Niob 92,906	42 Mo Molybdän 95,96	43 Tc Technetium (98)	44 Ru Ruthenium 101,07	45 Rh Rhodiu… 10…
6	55 Cs Cäsium 132,91	56 Ba Barium 137,33	57-71 La-Lu Lanthanoide	72 Hf Hafnium 178,49	73 Ta Tantal 180,95	74 W Wolfram 183,84	75 Re Rhenium 186,21	76 Os Osmium 190,23	77 Ir Iridiu… 19…
7	87 Fr Francium (223)	88 Ra Radium (226)	89-103 Ac-Lr Actinoide	104 Rf Rutherfordium (267)	105 Db Dubium (268)	106 Sg Seaborgium (271)	107 Bh Bohrium (272)	108 Hs Hassium (277)	109 Mt Meitner…

57 La Lanthan 138,91	58 Ce Cer 140,12	59 Pr Praseodym 140,91	60 Nd Neodym 144,24	61 Pm Promethium (145)	62 Sm Samarium 150,36	63 Eu Europiu… 15…
89 Ac Actinium (227)	90 Th Thorium 232,04	91 Pa Protactinium 231,04	92 U Uran 238,03	93 Np Neptunium (237)	94 Pu Plutonium (244)	95 Am Americi…